D1726846

Franz Sageder / Dagmar Biechele

Gemeinsam den Glauben erleben

Akzente für die Jugendarbeit

Don Bosco Verlag

CIP-Kurztitelaufnahme der Deutschen Bibliothek

Sageder, Franz:
Gemeinsam den Glauben erleben: Akzente für die Jugendarbeit / Franz Sageder; Dagmar Biechele. –
1. Aufl. – München: Don Bosco Verlag, 1983.
    ISBN 3-7698-0485-6
NE: Biechele, Dagmar

Mitglied der »verlagsgruppe engagement«

1. Auflage 1983 / ISBN 3-7698-0485-6
© by Don Bosco Verlag, München
Grafiken: Adolf Böhm, Aschheim bei München
Notengrafiken: Michael Hartmann, Bad Hersfeld
Gesamtherstellung: Druckerei Manz AG, Dillingen/Do.

Inhalt

Ankunft ermöglichen –
Adventliche Grundhaltungen entdecken
Materialien für ein Treffen im Advent 7

Gastfreundschaft heißt: in Erwartung leben
Materialien für einen Gottesdienst im Advent 13

Licht, das (durch) uns leuchtet
Elemente für einen Abendgottesdienst an Erscheinung des Herrn 18

Franz Kett
Geschichten von Tod und Leben
Ostergottesdienst 21
1. Weg in die Entscheidung 22
2. Das Weizenkorn muß sterben 25
3. Gekreuzigt – gestorben – begraben 28
4. Am dritten Tag wieder auferstanden von den Toten 32

Franz Schmid
Er kommt wieder
Jugendgottesdienst zu Christi Himmelfahrt 40

Josef Grünner
Ernten – danken – säen
Materialien für einen Gottesdienst an Erntedank 46

Miteinander als Gemeinde leben
Wortgottesdienst 49

Bibel-Wandertage
1. Das tägliche Brot 56
2. Der Baum – Gleichnis für das Leben 60
3. Und er wunderte sich über ihren Unglauben 66

Am Morgen den Tag prägen
Drei Frühschichten 70
1. Den Tag zulassen 71
2. Blumen in Reichweite entdecken 73
3. Zuhören können – Verstehen üben – Schweigen können 75

Johannes Haas
Mein Leben – Gottes Auf-gabe an mich
Drei Frühschichten mit dem heiligen Franz von Sales 77
1. Hand in Hand mit Gott in den Tag 82
2. Herz-lich beten: rund um die Uhr 87
3. Nur für heute 93

Johannes Haas
Emm-Aus-Wege zum Frieden
Meditationen 98

Friede ist mehr – Christen suchen einen Weg
Ökumenischer Friedenskreuzweg 114

Thomas Echtler
Einander trauen und vertrauen
Elemente für einen Einkehrtag mit Jugendlichen 121

Das Wunder der Zuneigung
Tage der Lebensorientierung für Paare 133

Verzeichnis der Liederbücher
auf die bei den verschiedenen Gottesdiensten verwiesen wurde

GL: „Gotteslob" – Katholisches Gebet- und Gesangbuch, herausgegeben von den Bischöfen Deutschlands und Österreichs und der Bistümer Bozen-Brixen und Lüttich
J.D.: „Jubilate deo" – Zwölf Kanons für Singstimmen und Instrumente. Jacques Berthier, Les Presses de Taizé, Taizé 1976, zu beziehen über: Les Presses de Taizé, F-71250 Taizé-Communauté
`LS: „Laudato si mi Signore" – Eine Sammlung geistlicher Lieder, Klerikat der Franziskaner-Minoriten, Franziskanergasse 7, Postfach 35, 8700 Würzburg 11
W: „Weil Du uns gerufen hast" – Lieder der Frohbotschaft, herausgegeben von der Münchener Provinz der Redemptoristen. Zu beziehen über: Versandstelle der „Briefe an unsere Freunde", Kirchplatz 65, 8096 Gars am Inn

Ankunft ermöglichen –
Adventliche Grundhaltungen entdecken

Materialien für ein Treffen im Advent

Meditative Einstimmung

Wir kennen alle die Redewendung „Ich bin noch nicht ganz da" und meinen damit, daß wir mit unseren Gedanken oder Gefühlen noch bei einem Menschen sind, der uns gerade beschäftigt, bei einem Ereignis, das uns nachgeht . . .
Ich lasse diese Gedanken und Empfindungen zu; alles, was in mir da ist, nehme ich wahr, lasse ich kommen und wieder gehen, so wie der Atem von selber kommt und wieder geht. Ich will das, was zu mir gehört, auch zulassen und wieder loslassen. Ich registriere, was mir noch nachgeht, was in mir umgeht, mich beschäftigt. Dies alles gehört auch zu mir und ist mit mir da. Ich versuche jetzt wahrzunehmen, wer mit mir noch da ist, ich nehme Blickkontakt mit meinem Nachbarn auf, ich betrachte den Raum . . .

Ankunfts-Erfahrungen

An Hand von Bildern/Dias werden recht unterschiedliche Erfahrungen von Ankunft gezeigt und kurz kommentiert.
Bilder von Menschen, die durch ihr Verhalten einladend wirken, d. h., einem anderen die Ankunft leicht machen.
Bilder von Menschen, die es im Leben nicht leicht haben, aber angenommen sein möchten.
Bilder von unscheinbaren, verborgenen, schönen Dingen, die darauf warten, entdeckt zu werden.
Bilder . . .

Texte zum Thema

Heinrich Böll
WESHALB SIE MIR GEKÜNDIGT HABEN

Ich weiß nicht, wie es hat geschehen können; schließlich bin ich kein Kind mehr, bin fast fünfzig Jahre und hätte wissen müssen, was ich tat – und hab's doch getan, noch dazu, als ich schon Feierabend hatte und mir eigentlich nichts mehr hätte passieren können. Aber es ist passiert, und so hat mir der Heilige Abend die Kündigung beschert. Alles war reibungslos verlaufen: Ich hatte beim Dinner serviert, kein Glas umgeworfen, keine Soßenschüssel umgestoßen, keinen Rotwein verschüttet, mein Trinkgeld kassiert und mich auf mein Zimmer zurückgezogen, Rock und Krawatte aufs Bett geworfen, die Hosenträger von den Schultern gestreift, meine Flasche Bier geöffnet, hob gerade den Deckel von der Terrine und roch: Erbsensuppe. Die hatte ich mir beim Koch bestellt, mit Speck, ohne Zwiebel, aber sämig, sämig. Sie wissen sicher nicht, was sämig ist; es würde zu lange dauern, wenn ich es Ihnen erklären sollte: Meine Mutter brauchte drei Stunden, um zu erklären, was sie unter sämig verstand. Na, die Suppe roch herrlich, und ich tauchte die Schöpfkelle ein, füllte meinen Teller, spürte und sah, daß die Suppe richtig sämig war – da ging meine Zimmertür auf, und herein kam der Bengel, der mir beim Dinner aufgefallen war: klein, blaß, bestimmt nicht älter als acht, hatte den Teller hoch füllen und alles, ohne es anzurühren, wieder abservieren lassen: Truthahn und Kastanien, Trüffeln und Kalbfleisch, nicht mal vom Nachtisch, den doch kein Kind vorübergehen läßt, hatte er auch nur einen Löffel gekostet, ließ sich fünf halbe Birnen und 'nen halben Eimer Schokoladensoße auf den Teller kippen und rührte nichts, aber auch nichts an, und sah doch dabei nicht mäklig aus, sondern wie jemand, der nach einem bestimmten Plan handelt. Leise schloß er die Tür hinter sich und blickte auf meinen Teller, dann mich an: „Was ist denn das?" fragte er. „Das ist Erbsensuppe", sagte ich. „Die gibt es doch nur in Märchen von dem König, der sich im Wald verirrt hat." Ich hab's gern, wenn Kinder mich duzen; die Sie zu einem sagen, sind meistens affiger als die Erwachsenen. „Nun", sage ich, „eins ist sicher: Das ist Erbsensuppe." – „Darf ich mal kosten?" – „Sicher, bitte", sagte ich, „setz dich hin." Nun, er aß drei Teller Erbsensuppe, ich saß neben ihm auf meinem Bett, trank Bier und rauchte und konnte richtig sehen, wie sein kleiner Bauch rund wurde; während ich auf dem Bett saß, dachte ich über vieles nach, was mir inzwischen wieder entfallen ist; zehn Minuten, fünfzehn, eine lange Zeit, da kann einem schon viel einfallen, auch über Märchen, über Erwachsene, über Eltern und so. Schließlich konnte der Bengel nicht mehr, ich löste ihn ab, aß den Rest der Suppe, noch eineinhalb Teller, während er auf dem Bett neben mir saß. Vielleicht hätte ich nicht in die leere Terrine blicken sollen, denn er sagte: „Mein Gott, jetzt habe ich dir alles aufgegessen." – „Macht nichts", sagte ich, „ich bin noch satt geworden. Bist du zu mir gekommen, um Erbsensuppe zu essen?" – „Nein, ich suchte nur jemand, der mir helfen kann, eine Kuhle zu finden; ich dachte, du wüßtest eine." Kuhle, Kuhle, dann fiel mir's ein, zum Murmelspielen braucht man eine, und ich sagte: „Ja, weißt du, das wird schwer sein, hier im Haus irgendwo eine Kuhle zu finden." – „Können wir nicht eine machen", sagte er, „einfach eine in den Boden des Zimmers hauen?"

Ich weiß nicht, wie es hat geschehen können, aber ich hab's getan, und als der Chef mich fragte: Wie konnten Sie das tun?, wußte ich keine Anwort. Vielleicht hätte ich sagen sollen: Haben wir uns nicht verpflichtet, unseren Gästen jeden Wunsch zu erfüllen, ihnen ein harmonisches Weihnachtsfest zu garantieren? Aber ich hab's nicht gesagt, ich hab' geschwiegen. Schließlich konnte ich nicht ahnen, daß seine Mutter über das Loch im Parkettboden stolpern und sich den Fuß brechen würde, nachts, als sie betrunken aus der Bar zurückkam. Wie konnte ich das wissen? Und daß die Versicherung eine Erklärung verlangen würde, und so weiter, und so weiter. Haftpflicht, Arbeitsgericht, und immer wieder: unglaublich, unglaublich. Sollte ich ihnen erklären, daß ich drei Stunden, drei geschlagene Stunden lang mit dem Jungen Kuhle gespielt habe, daß er immer gewann, daß er sogar von meinem Bier getrunken hat – bis er schließlich todmüde ins Bett fiel? Ich hab nichts gesagt, aber als sie mich fragten, ob ich es gewesen bin, der das Loch in den Parkettboden geschlagen hat, da konnte ich nicht leugnen; nur von der Erbsensuppe haben sie nichts erfahren, das bleibt unser Geheimnis. Fünfunddreißig Jahre im Beruf, immer tadellos geführt. Ich weiß nicht, wie es hat geschehen können; ich hätte wissen müssen, was ich tat, und hab's doch getan: Ich bin mit dem Aufzug zum Hausmeister hinuntergefahren, hab' Hammer und Meißel geholt, bin mit dem Aufzug wieder raufgefahren, hab' ein Loch in den Parkettboden gestemmt. Schließlich konnte ich nicht ahnen, daß seine Mutter darüberstolpern würde, als sie nachts um vier betrunken aus der Bar zurückkam. Offengestanden, ganz so schlimm finde ich es nicht, auch nicht, daß sie mich rausgeschmissen haben. Gute Kellner werden überall gesucht.

Anregungen für das Gespräch
1. Teilen Sie einander mit, was die Geschichte bei Ihnen ausgelöst hat (Einfälle, Gedanken, Erinnerungen, Empfindungen).
2. In welchen konkreten Situationen Ihres Lebens würden Sie sich wünschen, auch so sein zu können wie dieser Kellner?

DIE BEIDEN BRÜDER AUF DEM BERGE MORIJA

Zwei Brüder wohnten einst auf dem Berg Morija. Der jüngere war verheiratet und hatte Kinder, der ältere war unverheiratet und allein. Die beiden Brüder arbeiteten zusammen, sie pflügten das Feld zusammen und streuten zusammen den Samen aus.

Zur Zeit der Ernte brachten sie das Getreide ein und teilten die Garben in zwei gleich große Stöße, für jeden einen Stoß Garben. Als es Nacht geworden war, legte sich jeder der beiden Brüder bei seinen Garben nieder, um zu schlafen. Der ältere aber konnte keine Ruhe finden und sprach in seinem Herzen: Mein Bruder hat eine Familie, ich dagegen bin allein und ohne Kinder, und doch habe ich gleich viele Garben genommen wie er. Das ist nicht recht. Er stand auf, nahm von seinen Garben und schichtete sie heimlich und leise zu den Garben seines Bruders. Dann legte er sich wieder hin und schlief ein.

In der gleichen Nacht nun, geraume Zeit später, erwachte der jüngere. Auch er mußte an seinen Bruder denken und sprach in seinem Herzen: Mein Bruder ist allein und hat keine Kinder. Wer wird in seinen alten Tagen für ihn sorgen? Und er stand auf, nahm von seinen Garben und trug sie heimlich und leise hinüber zum Stoß des älteren.

Als es Tag wurde, erhoben sich die beiden Brüder, und wie war jeder erstaunt, daß ihre Garbenstöße die gleichen waren wie am Abend zuvor. Aber keiner sagte darüber zum anderen ein Wort.

In der zweiten Nacht wartete jeder ein Weilchen, bis er den anderen schlafend wähnte. Dann erhoben sie sich und jeder nahm von seinen Garben, um sie zum Stoß des anderen zu tragen. Auf halbem Weg trafen sie plötzlich aufeinander, und jeder erkannte, wie gut es der andere mit ihm meinte.

Da ließen sie ihre Garben fallen und umarmten einander in herzlicher, brüderlicher Liebe. Gott im Himmel aber schaute auf sie hernieder und sprach: „Heilig, heilig sei mir dieser Ort. Hier will ich unter den Menschen wohnen."

Jüdische Überlieferung. Übersetzt von Josef Kerschensteiner

Anregungen für das Gespräch
1. Teilen Sie einander mit, was die Geschichte bei Ihnen ausgelöst hat (Einfälle, Gedanken, Erinnerungen, Empfindungen).
2. In welchen konkreten Situationen Ihres Lebens würden Sie sich wünschen, auch so sein zu können wie diese beiden Brüder?

Wilhelm Willms
ANDEUTUNG

der kahle strauch
die spur im schnee
das wunderblatt
im grünen klee
sie deuten an
sie deuten an
daß doch noch
etwas
kommen kann

die stille nacht
das liebespaar
das mädchen
mit dem stroh
im haar
sie deuten an
sie deuten an
daß doch noch
etwas
kommen kann

der mann der träumt
die schwangere frau
die dürre zeit
der morgentau
sie deuten an
sie deuten an
daß noch noch
etwas
kommen kann

das licht im haus
die offne tür
der tisch gedeckt
ein platz
bleibt leer

das deutet an
das deutet an
daß doch noch
einer
kommen kann

aus: Wilhelm Willms, Meine Schritte kreisen um die Mitte, Neues Lied im alten Land. Verlag Butzon & Bercker, Kevelaer 1983

Anregungen für das Gespräch
1. Wie wirkt dieser Text auf Sie?
2. Welche Gedanken, Erinnerungen und Gefühle löst er in Ihnen aus?
3. Was bedeutet er für Ihr Leben?

Verwirklichung im Leben

Die Bilder, die Texte und das gemeinsame Gespräch haben uns spüren lassen, wo uns der Schuh drückt, wo Mauern sind, wo wir zumachen. Aber auch die andere Seite in uns wurde dabei lebendig: die vielen ungenannten Beispiele, als Menschen sich von uns verstanden, angenommen, bejaht gefühlt hatten.
Ich möchte Sie einladen, solche Erfahrungen allen mitzuteilen und jedem auch etwas von dem anzuvertrauen, wie die gemeinsamen Überlegungen in Ihrem Leben konkret verwirklicht werden könnten. Jeder kann nun bei ruhiger Musik darüber nachdenken und jeweils ein Beispiel auf ein Blatt Papier schreiben. Die beschriebenen Blätter werden auf einen großen Tisch gelegt, wo jeder sie lesen kann. Die unterschiedlichen Erfahrungen, die verschiedenen Ideen und Anregungen werden so zu Impulsen oder sogar zum Geschenk hinsichtlich der Gestaltung des Advents.

Gastfreundschaft heißt: in Erwartung leben

Materialien für einen Gottesdienst im Advent

Erster Impuls:

Eugen Roth

EINLADUNGEN

Ein Mensch, der einem, den er kennt,
Gerade in die Arme rennt,
Fragt: „Wann besuchen Sie uns endlich?!"
Der andre: „Gerne, selbstverständlich!"
„Wie wär es", fragt der Mensch, „gleich morgen?"
„Unmöglich, Wichtiges zu besorgen!"
„Und wie wärs Mittwoch in acht Tagen?"
„Da müßt ich meine Frau erst fragen!"
„Und nächsten Sonntag?" „Ach wie schade,
Da hab ich selbst schon Gäste grade!"
Nun schlägt der andre einen Flor
Von hübschen Möglichkeiten vor.
Jedoch der Mensch muß drauf verzichten,
Just da hat er halt andre Pflichten.
Die Menschen haben nun, ganz klar,
Getan, was menschenmöglich war
Und sagen drum: „Auf Wiedesehn,
Ein andermal wirds dann schon gehen!"
Der eine denkt, in Glück zerschwommen:
„Dem Trottel wär ich ausgekommen!"
Der andre, auch in siebten Himmeln:
„So gilts, die Wanzen abzuwimmeln!"

aus: Das Eugen-Roth-Buch, Carl Hanser Verlag, München 1966, S. 22

Zweiter Impuls:
Wenn ich jemand einlade, erwarte ich, daß er kommt. Ich bereite mich vor und stelle mich auf den Gast ein. Ich freue mich, wenn der Gast da ist. Wenn diese innere Bereitschaft fehlt, gehen Einladungen schief wie im Gedicht von Eugen Roth.
Besinnung auf eigene Schwächen im Umgang mit Einladungen.

Einführung zur Lesung:
Die Lesung aus dem Alten Testament, die wir gleich hören, könnte die Überschrift haben: Gott zu Besuch bei Abraham.
Abraham konnte natürlich nicht wissen, wer der Fremde war, der ganz unerwartet bei ihm auftaucht. Aber er wollte ihn nicht weitergehen lassen, ohne ihn gastfreundschaftlich zu bewirten. Gott ist unterwegs zu den Menschen, aber er kommt in anderer Gestalt, als wir ihn erwarten, vielleicht auch in einem ungelegenen Augenblick.

Lesung: Gen 18, 1–10a

Evangelium: Lk 19, 1–10

Predigt

Wir stehen schon mitten im Advent. Diese vier Wochen vor Weihnachten sind zum Teil recht nervenaufreibend hektisch: Vorbereitungen für Weihnachten und etliche Besorgungen; dazu kommen Advent- und Weihnachtsfeiern mit Freunden, mit Vereinskameraden und schließlich auch noch familiäre Verpflichtungen. Denn Advent und Weihnachten ist im besonderen auch „Besuchszeit".
Da bekommen auch Kinder und Jugendliche in einem bestimmten Alter schon einmal zu spüren, wie belastend solche Einladungen sein können. Sie können gar nicht recht verstehen, daß solche Besuche gut und sinnvoll sind. Vor allem dann nicht, wenn sie spüren, daß die Eltern recht abgehetzt sind, wenn sie, statt zu spielen, beim Vorbereiten helfen sollen, wenn sie das Gefühl haben, bei den Gästen vorgezeigt zu werden.
Umgekehrt gilt: Auch als Eingeladener steht man unter einem gewissen Druck. Was bringe ich mit? Jugendliche haben oft etwas Interesanteres vor, als den Nachmittag bei Verwandten zu sitzen.
Ich glaube, jeder von euch kennt solche Einladungen – „Pflichtbesuche", die oft anstrengend für alle Beteiligten sind. Man bringt sie hinter sich und atmet danach auf.
Viele Familien geben sich Mühe, die Adventzeit bewußt zu erleben, laden Freunde ein, nehmen sich Zeit füreinander, zum Singen, Ratschen, Basteln . . .

Es macht Freude, sich auf solche Besuche vorzubereiten. Die Mühen, die damit verbunden sind, werden nicht als zusätzliche Belastung empfunden, sondern als Beitrag zum Gelingen des Festes.

Und dann ist da ja auch noch die andere Erfahrung: wenn gute Freunde ganz unerwartet und überraschend zu Besuch kommen. Da kommt es auf einmal gar nicht mehr auf die tip-top aufgeräumte Wohnung an oder auf ein gutes Essen. Hinterher bleibt nicht das Gefühl eines gut funktionierenden Ablaufs. Es bleibt etwas da, auch wenn die Gäste schon längst fort sind: kein kostbares Mitbringsel, sondern ein Stück Freundschaft; das Gefühl, wir haben uns gut verstanden; der angenehme Nachgeschmack eines gelungenen Gesprächs; die Vertrautheit aus einem ungezwungenen Mahl, bei dem wir spüren: da ist mehr passiert als nur miteinander essen. Irgendwann verschwimmt, wer Gast und wer Gastgeber ist.

Das erinnert an den Besuch Jesu bei Zachäus. Dieser hatte schon von Jesus gehört und wollte ihn unbedingt sehen. Bei den Leuten von Jericho war er verschrieen und sehr unbeliebt: die Menschen haben ihn überhaupt nicht beachtet. Wahrscheinlich hat Zachäus irgendwie gespürt, daß Jesus auch für sein Leben eine Bedeutung haben könnte. Sonst hätte er nicht alles getan, um ihn wenigstens zu sehen. In diesem Sinn ist Zachäus für mich auch eine adventliche Gestalt; eine unbestimmte Erwartung erfüllt ihn, daß sein Leben noch nicht gelaufen ist, obwohl er von den Menschen schon als Lump und Sünder abgeschrieben ist. Nun passiert genau das, womit keiner gerechnet hat. Plötzlich ist Jesus da und lädt sich bei Zachäus ein. Der erkennt, was da eigentlich geschehen ist, und läßt diesen Augenblick nicht ungenutzt. Was er vielleicht nur ganz vage erhofft hat, ist tatsächlich eingetreten: Auch wenn ihn alle verachten – Jesus ißt mit ihm, sein Leben wird verändert. Ungeplant, spontan ergibt sich für den Gastgeber (wobei gar nicht klar ist, wer von den beiden der Gastgeber ist), für Zachäus, eine nie erhoffte, ungeahnte Bereicherung, weil Jesus etwas von sich, von seiner Menschenfreundlichkeit zurückläßt. Zachäus hat ihn aufgenommen, rein äußerlich in seinem Haus, aber bei weitem bedeutender: in sich selber.

Wir haben für den heutigen Gottesdienst ganz bewußt die Geschichten vom Besuch Gottes bei Abraham und vom Besuch Jesu bei Zachäus ausgewählt. Diese beiden Texte bringen nämlich etwas zum Ausdruck, was uns bei der Vorbereitung überrascht und lange beschäftigt hat: Gott lädt sich selber bei uns ein. Wann er aber wirklich kommt, das sagt er nicht dazu.

WARTEN AUF DEN LIEBEN GOTT

Es war einmal eine alte Frau, der hatte der liebe Gott versprochen, sie heute zu besuchen. Darauf war sie nun natürlich nicht wenig stolz. Sie scheuerte und putzte, buk und tischte auf. Und dann fing sie an, auf den lieben Gott zu warten.

Auf einmal klopfte es an die Tür. Geschwind öffnete die Alte, aber als sie sah, daß draußen nur ein armer Bettler stand, sagte sie:

„Nein, in Gottes Namen, geh heute deiner Wege! Ich warte eben gerade auf den lieben Gott, ich kann dich nicht aufnehmen!"

Und damit ließ sie den Bettler gehen und warf die Tür hinter ihm zu.

Nach einer Weile klopfte es von neuem. Die Alte öffnete diesmal noch geschwinder als beim ersten Mal. Aber wen sah sie draußen stehen? Nur einen armen alten Mann.

„Ich warte heute auf den lieben Gott. Wahrhaftig, ich kann mich nicht um dich kümmern!" Sprachs und machte dem Alten die Tür vor der Nase zu.

Abermals eine Weile später klopfte es von neuem an die Tür. Doch als die Alte öffnete – wer stand da, wenn nicht schon wieder ein zerlumpter und hungriger Bettler, der sie inständig um ein wenig Brot und um ein Dach über dem Kopf für die Nacht bat.

„Ach, laß mich in Ruhe! Ich warte auf den lieben Gott! Ich kann dich nicht bei mir aufnehmen!" Und der Bettler mußte weiterwandern, und die Alte fing aufs neue an zu warten.

Die Zeit ging hin, Stunde um Stunde. Es ging schon auf den Abend zu, und immer noch war der liebe Gott nicht zu sehen. Die Alte wurde immer bekümmerter. Wo mochte der liebe Gott geblieben sein?

Zu guter Letzt mußte sie betrübt zu Bett gehen. Bald schlief sie ein. Im Traum aber erschien ihr der liebe Gott. Er sprach zu ihr:

„Dreimal habe ich dich aufgesucht, und dreimal hast du mich hinausgewiesen!"

Von diesem Tage an nehmen alle, die von dieser Geschichte erfahren haben, alle auf, die zu ihnen kommen. Denn wie wollen sie wissen, wer es ist, der zu ihnen kommt? Wer wollte denn gern den lieben Gott von sich weisen? (Nach einem Zigeunermärchen)

aus: Gerd Heinz-Mohr, Kinder des Paradieses. © 1975 by Eugen Diederichs Verlag, Köln

Uns geht es ja auch sehr oft so mit der Ankunft Gottes: Wir planen, ihn da und dort zu treffen, bereiten uns auf Weihnachten vor, um ihn ankommen zu lassen – aber es geschieht nichts. Ich erinnere mich noch sehr gut an viele Weihnachtsfeste, wo ich im nachhinein gesagt habe: Jetzt ist es vorbei – gespürt habe ich nichts!

Vielleicht liegt es daran, daß ich Gotteserfahrung, seine Nähe zu spüren, erzwingen will und gerade dann immer feststellen muß: Der Gottesdienst war sehr feierlich, festlich – das Glaubensgespräch war sehr qualifiziert, theologische Fragen wurden gründlich erörtert – von Ihm spüre ich nichts.

Aber in ganz banalen Alltäglichkeiten ist er auf einmal in seiner ganzen Größe da: unerwartet, überraschend . . .

Gott hat sich selber bei uns eingeladen.

Und wir wiederum sind eingeladen, uns das Fest seiner Anwesenheit nicht entgehen zu lassen.

Gastfreundschaft – das Thema unseres Gottesdienstes – heißt dann: in Erwartung leben.

Wir müssen nicht ständig ganz konkrete Vorstellungen haben, welche Bedingungen erfüllt sein müssen, um bereit für Gott zu sein.

Ein Beispiel aus dem menschlichen Bereich kann das verdeutlichen: Es geht weniger darum, daß für den Fall des Falles immer ein paar Flaschen Wein und etwas zu essen im Haus ist.

Gastfreundschaft ist gemeint als Grundhaltung des Lebens: nicht in Schubladendenken verfallen, in festen Kategorien denken, sich nicht zu sehr terminieren lassen, sondern sein Leben so gestalten, daß inmitten alltäglicher Verpflichtungen immer noch Platz ist für das Besondere, für das Spontane.

In Erwartung leben heißt: gespannt sein, was der Tag wohl bringt; ein bißchen hoffen, daß noch etwas Besonderes kommt, ein Anruf . . .; damit rechnen, daß jemand unangemeldet vorbeischaut.

Gastfreundschaft meint aber auch, daß ich mich selber spontan entschließe, jemand zu besuchen, ohne immer genau abzuwägen, ob der andere mich wohl brauchen kann. Vielleicht wartet er selber gerade auf einen Menschen und hat Lust auf ein wenig frischen Wind, den ich in den Alltagsmief bringen könnte.

Übertragen auf unsere Beziehung zu Gott, heißt das: immer ein wenig Sehnsucht nach der Gemeinschaft mit Ihm, ohne diese Gemeinschaft mit Gott auf ganz bestimmte Anlässe und Festtage festzuschreiben.

Auf diese Weise könnte uns oft in ganz unerwarteten Situationen ein Licht aufgehen, was mit Advent und Weihnachten gemeint ist.

Liedvorschläge:

Liebe ist nicht nur ein Wort (LS 84)

Wir bringen dir, Gott, Brot und Wein (W 3)

Die Sache Jesu braucht Begeisterte (LS 116)

Ich singe vor Freude (LS 29)

Ubi caritas et amor (LS 252)

Licht, das (durch) uns leuchtet

Elemente für einen Abendgottesdienst an Erscheinung des Herrn

Der Raum, in dem Gottesdienst gefeiert wird, bleibt so dunkel wie möglich. An der Krippe brennt ein unaufdringliches, warmes Licht. Je nach Größe des Raumes eventuell einige Kerzen. Dieses Licht und Musik (Orgel, Flöte . . .) durchdringen die Dunkelheit.

Einführende Gedanken

Auf dem Weg hierher sind wir viel Licht begegnet: dem Licht der Autos, der Straßenlaternen, der Schaufenster . . . Das Licht hier ist im Gegensatz dazu sehr bescheiden: Es hebt die Dunkelheit nicht auf, es leuchtet in der Finsternis – jedoch unübersehbar. Es ist ein „Gegen-Licht" ganz anderer Art: ein angenehmes, warmes, unaufdringliches Licht.
Die Art und Weise, wie Jesus in diese Welt gekommen ist und unter uns gelebt hat, macht deutlich, daß er nicht aufdringlich sein wollte, nicht „groß rauskommen" wollte. So kann dieses Licht hier zum Symbol werden für seine Nähe in unserer Welt. Die Propheten des Alten Bundes haben ihn auch so angekündigt. Beim Propheten Jesaia lesen wir:

Lesung: Jes 60, 1–6

Anregungen für eine persönliche Besinnung

Die etwas feierliche Sprache des Propheten verweist uns auf Lebenssituationen, die – so hoffe ich – jeder von uns kennt. Manche Redewendungen verraten es jedenfalls. So sagen wir z. B.: „Da ist mir ein Licht aufgegangen." – „Ich bin vor Freude in die Luft gesprungen." – „Sie hat über's ganze Gesicht gestrahlt." – „Er hat vor lauter Staunen den Mund nicht mehr zugebracht."
Ich möchte Sie jetzt einladen, über zwei Fragen ein wenig nachzudenken:
1. Was ist für mich Licht?
2. Für wen kann ich Licht sein?
Nach etwa fünf Minuten Stille teilen je drei oder vier einander mit, was ihnen zu den Fragen gekommen ist.

Evangelium: Mt 2, 1–12

Predigt

Ein Licht, das der Finsternis die Bedrohung nimmt

Vermutlich kennt jeder von uns Erlebnisse, wie eine kleine Lichtquelle für ihn sehr wichtig, ja vielleicht sogar lebensnotwendig geworden ist. Ich denke dabei an eine Bergwanderung mit Jugendlichen. Wir hatten uns zeitlich verkalkuliert und kamen so beim Rückweg immer mehr in die Dunkelheit. Die Angst, nicht mehr heimzukommen, wurde immer größer. Die Gespräche verstummten. Zuletzt durchsuchte jeder seinen Rucksack. Zum Glück hatte jemand in seinem Rucksack noch eine Fackel. Sie bewirkte ein großes Aufatmen. So konnten wir auch bei größter Dunkelheit den Weg durch den Wald noch erkennen und weitergehen.
(Hier können die Teilnehmer eingeladen werden, solche konkreten Erfahrungen allen mitzuteilen. Es empfiehlt sich, daß der Prieser selbst mit einem Beispiel beginnt, um andere dadurch zu ermutigen.)
Jeder von uns kennt dieses Licht, d. h., er weiß um Erfahrungen, daß jemand wieder aufatmen kann, daß ein Geschehen eine überraschende Wende nimmt, daß ich nur noch staunend danken kann. Dieses Licht ist nicht auffällig, bedrängend oder grell, sondern eher unscheinbar. Es hebt auch die Dunkelheit keineswegs auf, aber es nimmt der Finsternis den beängstigenden und bedrohlichen Charakter. Wer sich von diesem Licht leiten läßt, kann zuversichtlich in die Zukunft schauen. Er ist nicht mehr einer lähmenden Angst ausgeliefert. Weil es ganz ähnlich war mit dem so unscheinbar in die Welt kommenden Jesus, verwenden wir gern dieses starke Bild für ihn: Licht in der Dunkelheit. Jesus sagt bei Johannes selber: Ich bin das Licht der Welt.

Licht, das entdeckt werden muß

Es gibt Menschen, die sich ärgern, wenn bereits zu Beginn des Advents in den Gärten, auf öffentlichen Plätzen oder in den Schaufenstern die Lichter an den Weihnachtsbäumen brennen (pünktlich zum ersten· „langen Samstag"). Der Ärger gründet darin, daß ein weihnachtliches Symbol zu früh und zweckentfremdet aufgestellt wird. So ein Lichterbaum löst weihnachtliche Gefühle aus, die schnell wieder abklingen. Bis Weihnachten haben wir uns so sehr an diesen Lichterglanz gewöhnt, daß zum Fest keine (positiven) Gefühle mehr aufkommen.
Wer einen Lichterbaum braucht, damit weihnachtliche Gefühle sich einstellen, wird enttäuscht werden, weil bereits eine Übersättigung da ist. Es ist eine heilsame Ent-täuschung, die eine große Täuschung aufdeckt und den Menschen mit der Wirklichkeit konfrontiert. Insofern ist es sogar gut, wenn uns diese Symbole zunehmend abhanden kommen und wir uns wieder auf die Suche nach dem Licht machen müssen, das in der Dunkelheit erscheint und sie durchbricht. Dieses Licht fällt uns nicht in jedem Fall zu, sondern wir müssen uns – wie die Magier aus dem Osten – auf die Suche nach ihm begeben.

Jesus blieb nicht im vermeintlich idyllischen Stall von Bethlehem, sondern erfüllte mit seinem Leben die Verheißung. Er brachte Licht in das Leben der Menschen, weil er die Not der Menschen an sich heranließ, weil er Mahlgemeinschaften unter ihnen stiftete, weil er sich der Sünder annahm und sie zur Umkehr ermutigte.

Licht, das durch uns leuchtet

Wir haben den Auftrag, das Licht, das durch Jesus in die Welt kam, weiterzutragen. Jedes kleine Licht macht die Dunkelheit ein bißchen heller und erträglicher. Auch wenn einer mal „auf Sparflamme kocht", ist das nicht so schlimm, wenn genügend andere kleine Lichter da sind. Es ist doch hell.

Licht ist „ansteckend" – es lädt dazu ein, es weiterzugeben, als Geschenk und gleichzeitig als Auftrag.

(Methodisch wäre hier sehr eindrucksvoll ein „Lichtertanz": Einer holt sich von der Kerze an der Krippe die Flamme und gibt sie weiter an die Jugendlichen, die vorher kleine Kerzen ausgeteilt bekamen. Die Kerzen bleiben während des folgenden Gottesdienstes in der Hand. Beim Friedensgruß bietet sich die Möglichkeit, die brennende Kerze entweder an Leute zu verschenken, die keine haben, oder sie jemand Bestimmtem zu schenken und ihm dabei zu sagen, wie ich für ihn Licht sein möchte.)

Gebet

Es ist heller geworden in unserer Welt.

Auf Grund des technischen Fortschritts gehört das Licht selbstverständlich zu unserem Lebensbereich. Wir können es selbst steuern, wie hell es um uns sein soll. Dennoch vermag dieses Licht nicht jede Dunkelheit zu vertreiben.

Trotz scheinbarer Helligkeit sind wir auf der Suche nach deinem oft so unscheinbaren Licht, Herr, das mit Jesus Christus in unserer Welt zu leuchten begann.

Ein Licht, das zu spüren ist, wenn wir es in unsere Herzen dringen lassen; ein Licht, das wärmt, wenn wir es an uns heranlassen. Dieses Licht soll weiterleuchten durch uns:

durch ein Herz, das sich berühren läßt;

durch Augen, die sehen, was der andere neben mir braucht;

durch Ohren, die hören, was gemeint war;

durch Füße, die laufen, wenn es beim Nachbarn brennt;

durch Hände, die helfen, wenn die Not groß geworden ist.

Dieses dein Licht möge uns immer wieder aufleuchten. Darum bitten wir durch Christus, unsern Herrn. Amen.

Liedvorschläge:
Du bist das Licht der Welt (W 155)
Jesus, der Menschensohn (LS 90)

Der Herr ist mein Licht (LS 11)
Sieh, dein Licht will kommen (GL 147)
Werde licht, Jerusalem (GL 153, 1)

Franz Kett

Geschichten von Tod und Leben

Ostergottesdienst

Eröffnung
- Ruhige Musik
- Begrüßung durch den Gottesdienstleiter
- Überleitung zum Bußakt
- *Ruf: Herr, erbarme dich*

Herr, erbarme dich, Herr, erbarme dich.
bar - me dich. 1. Wir spre - chen ver-schie - de - ne Spra - chen.
Wir woh - nen hier und dort. Wir tra - gen ver-schie -
de - ne Na - men. Wir hö - ren das-sel - be Wort.

2. Wir leben mit vielerlei Sorgen.
   Ein jeder hat seine Not.
   Ein jeder geht seine Wege.
   Wir teilen dasselbe Brot.

3. Wir denken verschieden von morgen
   Wir flüchten und hoffen zugleich.
   Wir stellen uns Fragen um Fragen.
   Wir sagen: Es komme dein Reich.

T.: L. Zenetti, M.: L. Edelkötter, erschienen auf der LP IMP 1007 „Alle Knospen springen auf"
Rechte: Impulse-Musikverlag, Drensteinfurt

1. WEG IN DIE ENTSCHEIDUNG

Mit Tüchern oder Seilen wird ein Tor gelegt. Die Handlung wird musikalisch untermalt mit Xylophon bzw. Holzblocktrommel o. ä.

TOR bedeutet:
Durchgang durch
Eintritt in – hinein
Austritt hinaus
So treten wir immer wieder in Neues
oder auch hinaus:
in einen neuen Lebensabschnitt, Schule – Beruf –
Partnerschaft, in eine neue Lebensphase auf dem Weg zu uns selbst.
Wir gehen immer wieder durch etwas hindurch – machen etwas durch.
Irgendwann kommt der entscheidende Durchgang in dem Prozeß der Selbstwerdung: gehorsam dem gegenüber, der ich werden soll, und vielleicht in Absage all dem gegenüber, was man von mir möchte, erwartet, was ich selbst möchte und erwarte.

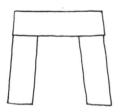

Mit Seilen wird spiralförmig ein Weg zum Tor gelegt. Dabei Musikuntermalung wie oben.

Ein Weg führt zu dem Tor,
ein langer Weg,
nicht geradlinig, sondern
– gleichsam aus Angst vor dem Durchgang –
sich ihm langsam nähernd,

22

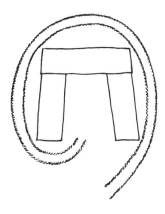

ein lebenslanger Weg,
mein Lebensweg,
nicht von mir bestimmt,
sondern mir vorgegeben:
durch meine Natur,
durch die vielen Umstände,
die mein Leben umgeben, ergeben.
Ich werde den Weg geführt von dem,
der aller Wege Ausgang und Ziel ist.
Oft widersetze ich mich dem Weg,
weiche zurück – weiche ab,
gehe meine eigenen Wege,
Irrwege – Holzwege.

Eine Kerze – Zeichen für Jesus
– wird entzündet, den Weg zum
Tor getragen, im Tor abgestellt.

Jesus ist auf dem Weg –
auf seinem Weg zu seinem Ziel.
Es wird ein Eintritt in das Leid,
ein Durchgang durch den Tod,
ein Austritt in das Leben – in seine Fülle.
Er ist der Weg zu dem Fest,
wo es heißen wird:
Tod, wo ist dein Stachel?
Tod, wo ist dein Sieg?
Wenn wir Jesus feiern, feiern wir sie alle mit, die
Entscheidendes wagen, die nicht Verrat üben an sich – am
Leben – an der Wahrheit – an der Liebe; die dem, was sie
werden sollen, treu bleiben, treu bis in den Tod:
Maximilian Kolbe – Alfred Delp – Dietrich Bonhoeffer – Martin
Luther King – all die Unbekannten mitten unter uns.

Evangelium: Lk 19, 28–40

Nicht hoch zu Roß kommt er – Jesus als Gewalthaber –
Machthaber – Krieger,
sondern: sanftmütig – demütig,
friedfertig,
auf einem Lastenträgertier,
auf einem Esel.

Jesu Macht heißt:
heilen, was krank,
aufrichten, was niedergeschlagen,
in Bewegung bringen, was erstarrt,
lebendig machen, was tot ist.

Jesu Reich ist nicht von dieser Welt, es ist aber mitten *in* dieser Welt. Querfeldein zieht es sich durch die Machtbereiche – Gesellschaftssysteme – Wirtschaftssysteme, durch die Rassen – Völker – Nationen dieser Erde.
Sein Reich eint alle, die leben wie er, die aufrichten, Mut machen, heilen.
Wo dem Leben, dem Frieden, der Wahrheit, der Liebe gedient wird, da kommt es an – sein Reich – Jesu Reich – Gottes Reich.

geformte oder freie Fürbitten, z. B.:

Jesus, sei König auf dieser Erde!
Dein Reich, das Reich deines Vaters komme an.
Friede, Liebe, Wahrheit, Leben!

Als Rahmenvers können folgende Lieder verwendet werden: Hosanna dem Sohne Davids! (GL 196) Gepriesen, der da kommt im Namen des Herrn. (GL 198,2) Die Anwesenden können sich dabei an den Händen fassen und so zusammen eine Krone bilden.

Jesus, sei König auf dieser Erde!
Dein Reich, das Reich deines Vaters komme an:
Brot für die Hungernden, Dach für die Obdachlosen, Kleidung für die Nackten!

Jesus, sei König auf dieser Erde!
Dein Reich, das Reich deines Vaters, komme an:
über unsere Füße und Hände,
durch unseren Verstand und unser Herz!

Jesus, sei König in mir:
Brunnen, aus dem ich schöpfe.
Licht, das mir leuchtet.
Weg, den ich gehe.
Ziel, das ich finde.

2. DAS WEIZENKORN MUSS STERBEN

Eine Schale mit Weizenkörnern wird in die Versammlung getragen und vorgezeigt.

Über ein Spiel mit den Händen wird die „Geschichte des Weizenkorns" erzählt.
Die Versammlung wird aufgefordert, mitzuspielen:
– Eine Hand legt auf die ausgestreckte andere pantomimisch ein Korn.
– Die ausgestreckte Hand wird geschlossen. Sie birgt das Korn.
– Die freie Hand zeigt an, wie von oben die Sonne herunterscheint, der Regen herunterkommt.
– Die geschlossene Hand öffnet sich langsam.
– Die freie Hand zeigt an, wie etwas aus der Erde wächst, der Halm eine Ähre trägt, die Ähre schwer wird, sie sich neigt und schließlich geschnitten wird.
Die Erzählung kann leise untermalt werden mit einer Flöte oder einem Glockenspiel.

In unserer Geschichte geht es um das Weizenkorn.

Ein Weizenkorn kommt in die Erde.
Es wird bedeckt mit Erde.
Eingehüllt – umhüllt ruht es.
Es wird erwärmt von der Sonne.
Es wird erweicht vom Regen.
Es läßt sich los.
Es läßt sich aus.
Es wandelt sich.
Es keimt.
Es wurzelt.
Es treibt – grünt.
Es wächst der Halm.
Es wächst die Ähre.
Die Ähre wird schwer.
Sie neigt sich.
Sie trägt viele Körner.
Es ist Zeit zur Ernte.
Das Korn wird geschnitten.
Es wird gemahlen.
Es wird zu Brot –
Leben für andere.

Evangeliumserzählung nach Joh 12, 24 f.

Bevor Jesus den entscheidenden Schritt tut, in die Stadt einzieht,
mit seinen Freunden Abschied – Abendmahl feiert,
wandert er durch Galiläa, Samaria, Judäa.
Er zieht von Ort zu Ort, von Stadt zu Stadt.
Er verkündet das Reich Gottes.

Er redet von Gott und seinem Reich oft in Bildern.
Er greift Bilder auf, die sich ihm anbieten
von der Natur her, von der Landschaft, von Menschen.
Da wandert Jesus eines Tages an einem Weizenfeld vorbei.
Er hält inne.
Er schaut über das wogende Feld.
Er streicht mit seiner Hand über die Ähren.
Er pflückt eine Ähre.
Er streift die Körner aus.
Er nimmt ein Korn zur Hand und sagt:
Das Weizenkorn muß in die Erde und sterben.
So bringt es Frucht.
Kommt es nicht in die Erde,
bleibt es allein und hart.
Ich muß den Tod erleiden,
damit ihr das Leben habt.

Ein Kreuz wird – für alle sichtbar
– in die Schale mit Körnern
gelegt. Die Schale wird im Tor,
bei der Kerze abgesetzt.

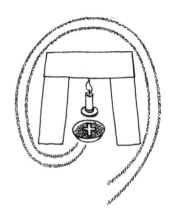

Lied: In tiefe Erde wird gelegt

1. In tie - fe Er - de wird ge - legt ein Wei - zen -

korn. Es stirbt, a - ber dann bricht her - vor neu - es Le - ben.

Neu - er Halm, neu - e Äh - re, neu - es Korn. Le - ben aus dem Tod!

2. Ans schwere Kreuz wirst du gehängt, du Herr und Gott. Du stirbst, aber dann stehst du auf, unser Leben. Unsere Kraft, unsere Hoffnung, unser Licht. Leben aus dem Tod!

Hanni Neubauer/Carmen Sillmann. RPA-Verlag, Landshut

Alternativ: Wer leben will wie Gott (GL 183)

Gebet

Teilen – austeilen – verteilen – mitteilen:
Herr, es ist schwer.

Auslassen – loslassen – hergeben – hingeben:
Herr, es ist schwer.

Manchmal habe ich nichts zu verschenken.
Ich bin leer – ausgebrannt,
ein Brunnen ohne Wasser,
ein Baum ohne Frucht,
ausgedörrt – vertrocknet,
müde – matt – erstarrt.
Ich suche nach Wasser – nach Brot – nach Liebe.
Ich schreie nach Leben.

Herr, laß mich dann nicht allein.
Laß mich finden, was mich erhält:
einen Menschen, der mich beschenkt,
mich selbst – Herr!
meinen inneren Brunnen, meine innere Quelle,
dich – Herr!
Herr, laß aus mir wieder fließen:
Lebendigkeit – Menschlichkeit.
Laß mich Frucht bringen – Herr.

3. GEKREUZIGT – GESTORBEN – BEGRABEN

Mit zwei braunen Tüchern wird aus dem Tor heraus ein Weg gelegt. (Untermalung auf der Handtrommel – Pauke)

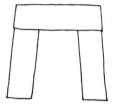

Ein schwerer Stein wird auf den Weg gelegt. Zwei weitere braune Tücher werden als Kreuzbalken an den Weg angelegt. (Untermalung auf der Handtrommel – Pauke)

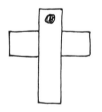

Wir blicken wieder auf das Tor, den Weg.
Der Weg führt jetzt heraus
aus der Stadt, ihren Mauern,
heraus aus allem Gewohnten – Vertrauten,
aus dem Kreis der Freunde,
aus Anerkennung, Ehre, Achtung,
aus dem Tätigsein – Handeln,
aus dem, wie man sagt:
Das-Leben-in-die-Hand-Nehmen.
Steinig ist der Weg –
mühevoll – schwer.
Er führt auf einen Berg –
auf Golgatha.
Jesus geht diesen Weg,
seinen Kreuzweg.

Anführer aller,
die – ihm ähnlich – ihr Kreuz tragen,
nicht selbst gezimmert,
sondern auferlegt:
Von wem?
Weswegen?
Warum?
Kreuz des Scheiterns.
Kreuz der Einsamkeit – Isolation.
Kreuz der Krankheit, des Leids.
Kreuz des Todes.

Aus Hölzern wird in die Kreuz-
mitte eine Krone gelegt.
Einer nach dem anderen legt
einige Hölzer bzw. Spanstäbe
dazu.
Die brennende Kerze wird in die
Krone hineingestellt.
(Untermalung auf Handtrommel
– Holzblocktrommel)

Eine zweite kleinere weiße Kerze
wird entzündet und seitlich zum
Kreuz, zur Krone gestellt.

Lied: Durch seine Wunden
sind wir geheilt (GL 192)

Alternativ: Wir danken dir,
Herr Jesu Christ (GL 178)

Die Jesuskerze wird ausgebla-
sen.

Gekrönt wurde dieser Jesus,
aber nicht mit Gold und Edelsteinen,
sondern mit Dornen – Holz,
mit Schmach und Hohn.
Eine Spottkrone haben sie ihm aufgesetzt,
seine Feinde und Hasser, diejenigen,
deren Kreise er störte,
die er aufdeckte als Gräber,
außen getüncht, innen voll Moder.
Sie stehen am Wegrand, triumphieren:
Anderen hat er geholfen,
sich selbst kann er nicht retten.
Die Gaffer säumen den Weg, die Sensationshungrigen.
Was wird geschehen.
Wird Gott kommen und eingreifen
und diesen Jesus befreien?
Die Freunde stehen da, verängstigt,
verschreckt, versteckt, voll Bangen.
Wo bleibt der, den Jesus seinen Vater nannte
und einen Gott des Lebens,
nicht des Todes?

Unter den Menschen am Wegrand
eine Frau – Maria – Jesu Mutter.
Sie tritt aus der Menge heraus.
Sie tritt Jesus gegenüber.
Sie schaut in sein Angesicht.
Sie kann ihm keine Last abnehmen.
Sie kann nur mit ihm gehen.
Sie kann nur mit ihm leiden,
mit ihm und mit allen,
die Kreuz tragen.

Auf Golgatha angekommen,
ziehen sie ihm die Kleider aus.
Nackt, wie er ins Leben getreten,
soll er wieder aus dem Leben scheiden,
Sie kreuzigen ihn.

So hängt er zwischen oben und unten,
zwischen Himmel und Erde,
er, der beides miteinander verbinden wollte.
Um die dritte Stunde aber schreit er:
Mein Gott, mein Gott,
warum hast du mich verlassen?
Er neigt sein Haupt und stirbt.

Sein Lebenslicht ist erloschen.
Es heißt: Die Sonne verfinsterte sich.
Mitten am Tag wird es dunkel –
wie in der Nacht.
Die Vögel verstecken sich in ihren Nestern,
die Tiere in ihren Höhlen.
Die Blumen welken.
Viele Menschen glauben:
Gott hat ihn fallen lassen, diesen Jesus.
Jesus hat nicht recht gehabt.
Er hat verloren.

Die Teilnehmer werden gebeten,
ihre Hände zu öffnen und damit
eine Tragehaltung einzunehmen.

Und sie nehmen Jesus vom Kreuz ab
und legen ihn –
seiner Mutter in die Arme.

Gebet
Maria, Mutter Jesu! Du hast deinen Sohn getragen als ungeborenes Kind unter deinem Herzen. Du hast ihn getragen zärtlich und voll Liebe, als er geboren war. Du hast ihn in deinen Armen getragen, behütet, beschützt auf der Flucht nach Ägypten. Du trägst jetzt seinen zerschundenen, zermarterten Leib. Du trägst mit ihm alles Leid dieser Welt. Maria, du läßt deinen Sohn nicht allein. Du glaubst, daß auch Gott ihn nicht allein läßt. Maria, du glaubst, daß Gott verwandeln kann: das Leid zur Freude, den Tod zum Leben. Maria, bitte für alle, die Leid tragen, für alle, die in Todesnot sind, für alle, die sich verloren – fallengelassen glauben, bitte für sie und für uns, jetzt und in der Stunde unseres Todes. Amen.

Die Jesuskerze wird umgelegt.
Auf Kerze und Dornenkrone wird
ein weißes Tuch gebreitet. Der
Stein wird daraufgelegt.

Er wird ins Grab gelegt – der Herr.
Ein großer Stein wird davor gelegt.
Die Widersacher glauben:
Jetzt ist er erledigt, dieser Jesus.

Wir haben ihm einen Riegel vorgeschoben.
Er ist in der Versenkung verschwunden.
Die Sache mit dem Jesus ist abgeschlossen – aus.
Aber alle, die so glauben, täuschen sich.

Lied: Unter dem Kreuze stehn

1. Un - ter dem Kreu - ze stehn, al - les das Leid an-sehn. Was ist das für ein Schmerz___ für ei - nes Men-schen Herz?

Refrain

Ma - ri - a, du Mut - ter, dein Leid wird ver - gehn, und Je - sus wird le - ben. Er wird auf - er - stehn.

2. In ihren Armen hält
sie tot den Herrn der Welt.
Was ist das für ein Schmerz
für eines Menschen Herz?
Maria, du Mutter,
dein Leid wird vergehn,
und Jesus wird leben.
Er wird auferstehn.

3. Bald wird mit einem Stein
das Grab verschlossen sein.
Was ist das für ein Schmerz
für eines Menschen Herz?
Maria, du Mutter,
dein Leid wird vergehn,
und Jesus wird leben.
Er wird auferstehn.

T. und M.: Franz Kett

4. AM DRITTEN TAG WIEDER AUFERSTANDEN VON DEN TOTEN

Die Teilnehmer verinnern auf verschiedene Weise den Aufgang der Sonne, das Kommen des neuen Tages. Sie werden angeregt, den Sonnenaufgang leibhaft mitzuvollziehen. Es soll über den Leib ein ganzheitlicher leiblich-seelischer Öffnungs- und Befreiungsprozeß erfolgen. (Untermalung auf Glockenspiel oder Flöte)

Die Ostererzählung bei Markus beginnt:
„Als eben die Sonne aufging, gingen sie zum Grabe."

Etwas vom Sonnenaufgang, vom Ankommen des neuen Tages, seines Lichts, wollen wir jetzt in Erfahrung bringen.

– Wir hören auf einem Instrument, wie es Tag wird.
– Wir schließen die Augen und horchen nochmals auf die Melodie. Wir schauen als inneres Bild, wie die Sonne kommt.
  Noch ist es finster – Nacht.
  Aber bald findet die Nacht ihr Ende.
  Der Tag kündet sich an.
  Der Himmel verfärbt sich,
  ein Lichtstreif am Horizont.
  Die Vögel begrüßen das Kommen des Lichts.
  Die Sonne steigt empor:
  leuchtend – schön – majestätisch.
  Es wird hell – Tag.
  Der neue Tag ist angekommen,
  sehnlichst erwartet von all denen,
  die keinen Schlaf finden konnten,
  aus Angst – Leid – Not – Krankheit.
  Sie sagen – und wir mit ihnen:
  Gott-sei-Dank!

– Das Spiel wird wiederholt, indem die Teilnehmer das Aufgehen der Sonne mit den Armen begleiten. Die Teilnehmer werden ermuntert, miteinzufallen in das:
  Gott-sei-Dank!

– Wir müssen das Spiel nochmals vollziehen mit dem ganzen Leib und so am Leib verspüren, was es heißt:
  Sich öffnen – sich weiten – aufgehen – auferstehen und aus dem Herzen sagen:
  Gott-sei-Dank!

Mit den Händen Bogen ziehen von links unten nach oben und dann wieder nach rechts unten. Beide Hände ausgestreckt mit offenen Handflächen, langsam nach oben führen.

Aus bunten hellen Tüchern (rot, gelb, weiß, rosa, karminrot) wird eine Ostersonne gestaltet.

Einzelne Teilnehmer kommen nacheinander von ihren Plätzen und legen um eine runde gelbe Mitte ihr Tuch strahlenförmig ab. (Musikuntermalung)

Lied: Vom Aufgang der Sonne bis zu ihrem Niedergang
sei gelobet der Name des Herrn,
sei gelobet der Name des Herrn!
(zuerst einstimmig, dann als Kanon; siehe Seite 88)

Einzelne Teilnehmer oder – soweit es der Platz erlaubt – alle begleiten die Erzählung handelnd, d. h. mit entsprechender Gestik und Bewegung. Zum Beispiel: Im Kreis gehen – niedergebeugt, mit gesenktem Haupt.

1. Ostererzählung
Sie gehen zum Grab –
frühmorgens, als die Sonne aufgeht,
Menschen, die um Jesus trauern.
Sie wollen den Leichnam einbalsamieren,
den Verstorbenen mit Blumen ehren,
das Grab zum Gedenkplatz machen,
die Erinnerung an einen Toten pflegen.
Das Licht der aufgehenden Sonne sehen sie nicht.
In Ihren Herzen ist es dunkel.
Sie denken an den großen Stein, der das Grab verschließt
und dem ihr Herz gleicht;
das Herz, versteinert vor Trauer und Schmerz.

Sich der Mitte, der Sonne, zuwenden.

Doch wie sie zum Grab kommen,
erfaßt sie Schrecken.
Der Stein ist fortgerollt, das Grab offen.
Was soll das bedeuten?

Einen Schritt zur Mitte – Sonne –
tun.

Sie treten ein – und sind geblendet.
Da sitzt einer, dessen Gesicht leuchtet.
Sein Gewand ist weiß wie Schnee –
einer, der das Antlitz Gottes schaut –
ein Engel Gottes.
„Wen sucht ihr", fragt er.
„Den toten Jesus", antworten sie.
„Was sucht ihr einen Lebendigen bei den Toten?
Jesus ist nicht hier.
Gott hat ihn vom Tode auferweckt.
Jesus lebt!"

Sich aufrichten, aufatmen.
Die Hände nach oben führen, wie
die Sonne aufgeht.

Da keimt in den Trauernden die Hoffnung auf.
Sie richten sich auf.
Sie atmen auf.
Sie leben auf.
Es wird in ihnen hell – Tag.
Die Sonne, die die Nacht besiegt hat,
leuchtend am Himmel steht,
geht jetzt in ihnen auf.
Staunen und Freude packen ihr Herz.
Sie singen und jubeln: Gott-sei-Dank!

Lied: Christ ist erstanden (gemeinsam einmal durchsingen)

Christ ist er - stan - den von der Mar-ter al - le. Al - le - lu - ja.

Sich fassen, um die Ostersonne
laufen, zu den Plätzen zurückge-
hen.

Sie eilen jetzt nach Hause, zu all denen, die noch
eingeschlossen sind in ihren Häusern,
Türen und Fenster verriegelt,
eingemauert in Ängsten, Hoffnungslosigkeiten.
Sie rufen den Mutlosen zu:

Lied: Christ ist erstanden (wie oben)

Nochmals Haltung des Niederge- *beugtseins einnehmen,* *sich daraus aufrichten.*	Und wer noch danieder war, niedergeschlagen, lebt auf, atmet auf, faßt Hoffnung. Fenster – Türen werden geöffnet, damit das Licht des Tages herein und das Lied der Freude hinaus kann auf alle Gassen und Straßen.

Lied: Christ ist erstanden (wie oben)

Die Osterkerze wird entzündet
als Zeichen für den Sieg des
Tages über die Nacht, des
Lichtes über die Dunkelheit, der
Sonne draußen in der Natur und
in den Herzen der Menschen.
Das Licht wird in der Mitte der
Sonne abgestellt.

Lied: Christ ist erstanden (im Kanon gesungen)

Die Teilnehmer werden aufgefor-
dert, die Ostersonne mit Zeichen
des Lebens, des Frühlings, der
Freude zu schmücken. Dazu
Musikuntermalung.

Passend ist auch das Lied:
Alle Knospen springen auf
(LS 256)

Untermalung auf leisem Instrument: z. B. Gitarre oder Glockenspiel.

2. Ostererzählung

Noch eine Frau ist unterwegs zum Grab, eine Frau, die Jesus sehr liebte – Maria Magdalena.

Jesus hatte Maria geholfen,
zu ihrer Würde als Frau zu finden.

Maria hat Jesus ein unfaßbares Zeichen der Liebe und Dankbarkeit geschenkt. Mit ihren Tränen hat Maria Jesu Füße benetzt und mit ihren Haaren hat sie seine Füße getrocknet. Unter dem Kreuz war Maria gestanden bis zum bitteren Ende Jesu. Jetzt ist sie auf dem Weg zu seinem Grab. Noch hat sie nichts von der umwerfenden Nachricht der Auferstehung des Herrn gehört.

Ihr Herz ist verdunkelt. Sie sieht nicht das Leuchten der Ostersonne. Sie sieht nicht die leuchtende Gestalt des Engels im Grab.

Voll Schmerz fragt sie: „Wohin habt ihr meinen toten Herrn getragen? Mein Herz sucht ihn." Und als sie sich aus dem Grab wendet, steht der Herr vor ihr, aber sie erkennt ihn nicht. Sie meint, es sei der Gärtner. „Wohin habt ihr ihn gelegt, den mein Herz sucht?
Ich will ihn finden."

Da wird sie angesprochen.

Sie wird bei ihrem Namen genannt: „Maria."

Und es fällt ihr die Blindheit von den Augen. Sie wird sehend wie Bartimäus. Es ist der Herr, der vor ihr steht. Beim Namen gerufen, erkennt sie ihn. Der Herr lebt. Er ist auferstanden.

Lied: Christus ist auferstanden (zuerst einstimmig – dann im Kanon)

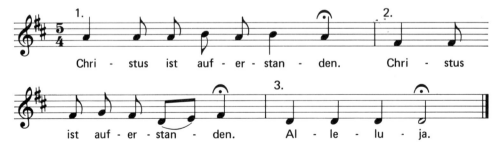

1. Chri - stus ist auf - er - stan - den.
2. Chri - stus ist auf - er - stan - den.
3. Al - le - lu - ja.

Der Gottesdienstleiter entzündet an der Osterkerze ein Licht und bringt es einem der Teilnehmer. Er spricht ihn beim Vornamen an, überreicht das Licht mit dem Gruß:
Der Herr ist auferstanden, Alleluja. Das Licht wird weitergegeben. Einer entzündet dem anderen die Kerze, nennt den Namen, spricht den Ostergruß.

Lob- und Bittgebet mit den Lichtern in der Hand.

Tod, wo ist dein Stachel?
Tod, wo ist dein Sieg?
Du hast den Tod überwunden,
Christus – unser Leben.

Die Nacht ist beendet.
Der Tag hat angefangen.
Die Sonne leuchtet:
Christus – unser Licht.

Der Schmerz ist zu Ende.
Die Trauer ist vorbei.
Die Wunden sind geheilt.
Christus – unsere Freude.

Sei nahe allen, die leiden.
Sei nahe allen, die trauern.
Den Hoffnungslosen sei nahe,
Christus – unsere Hoffnung.

Sei jetzt in unserer Mitte.
Sei in unserem Mund – in unserem Herzen.
Sei in unseren Händen, Werken,
Christus – unser Friede.

Die Kerzen können vor dem Übergang zur Eucharistiefeier rund um die Ostersonne abgestellt werden.

Mit einem Osterlied beginnt die Gabenbereitung. Z. B.:

Ju - bi - la - te de - o, om - nis ter - ra.

Ser - vi - te do - mi - no in lae - ti - ti - a.

Al - le - lu - ja, Al - le - lu - ja in lae - ti - ti - a.

Al - le - lu - ja, Al - le - lu - ja in lae - ti - ti - a.

Jacques Berthier, Les Presses de Taizé

Weitere Lieder zur Auswahl

Al - le - lu - ja, Al - le - lu - ja, Je - sus lebt.

1. Ihr al - le hier im Saa - le, singt, daß

laut es hallt und daß es klingt. Er - lebt, der Hei - land

Je - sus Christ, vom To - de er er - stan - den ist.

2. Er lag im dunklen Felsengrab,
   der Mann, der vor sich selber sagt:
   Ich bin das Leben, bin das Licht,
   wer an mich glaubt, wird sterben nicht.

3. Doch als am Ostermorgen dann
   drei Frauen kamen am Grabe an,
   lag fortgerollt der Stein so schwer,
   und auch das Grab, es war jetzt leer.

4. Ein Engel sprach: Wen suchet ihr?
   Euer Herr und Heiland, der lag hier.
   Er stand vom Tode auf, er lebt.
   Den Jüngern es verkünden geht.

T. und M.: Franz Kett

Wir tan-zen, wir tan-zen, wir tan-zen vor dem Licht,

Licht, das von Je-sus, das von Je-sus spricht.

1. Wir tan-zen vol-ler Freu-de, weil auf-er-stan-den ist,

der tot im Grab ge-le-gen, der Hei-land Je-sus Christ.

2. Ja, er ist auferstanden, vom Grab kam er hervor, so wie ein Korn in Erde stirbt und bringt dann Frucht hervor.

3. Aus dunkler Grabeshöhle trat er heraus ans Licht, wie sich die Knospe öffnet, die Blüte dann aufbricht.

4. Wir zünden an die Lichter. Nehmt auf das helle Licht und geht damit nach Hause, daß es die Nacht durchbricht.

T. und M.: Franz Kett

Franz Schmid

Er kommt wieder

Jugendgottesdienst zu Christi Himmelfahrt
Lesejahr A: Apg 1, 1–11; Mt 28, 16–20

Eröffnung

Christi Himmelfahrt erweckt ab und zu den Eindruck einer Gottferne. Wir glauben aber nicht an den Weggang, sondern an die Gegenwart Gottes, an sein Kommen. Deshalb sagen wir heute auch: Er kommt wieder. Laßt uns heute unseren Glauben an sein Kommen in unser Leben feiern. Fangen wir damit an!

Eingangslied: Freunde, wir fangen an (LS 133)

Texte zur Einstimmung
1. Sprecher:

alles kommt wieder	alles kommt wieder
dies und das	dies und das
der montag	die dürre
der dienstag	der regen
das schaltjahr	die ebbe
die sonnenfinsternis	die flut
alles kommt wieder	alles kommt wieder
dies und das	dies und das
die grippe	die langen haare
die masern	die kurzen röcke
die pocken	die alten lieder
der frühling	die schlechten zeiten
der sommer	

alles kommt wieder
dies und das

die seuchen
die kriege
die inflation

alles kommt wieder
dies und das

nichts
was nicht wiederkommt
ob auch
Er
wiederkommt

aus: Wilhelm Willms, der geerdete himmel, Verlag Butzon & Bercker, Kevelaer [6]*1983 (12.18)*

2. Sprecher:
Andeutung
(Text von Wilhelm Willms, siehe Seite 11)

Gedanken zur Umkehr
Er kommt wieder, wenn wir ihn kommen lassen
     wenn er ankommen kann
     wenn er bei uns Raum findet
     wenn wir ihn nicht verpassen
     wenn wir ihm den Weg nicht versperren.

Vergebungsgebet
Gott, komm, hilf uns! Tilge aus unsere Sünden. Rette uns jetzt und immer wieder. Vergib uns unsere Schuld durch unseren Herrn und Heiland Jesus Christus, durch den dir Herrlichkeit ist und Ehre und Macht in die Ewigkeit der Ewigkeiten. Amen. (Nach urkirchlicher Liturgie)

Gottes verzeihende Liebe ist immer Anlaß zur Freude, zum Lob und zum Singen über seine Größe.

Glorialied: Laudato si, o mi signore (LS 45)

Tagesgebet
Laßt uns beten!
Gott, unser Vater, an allen Ecken und Enden hören wir Menschen sagen, du seist tot. Du bist nicht angekündigt auf Plakatwänden, in keines Menschen Gesicht kann ich dich sehen; du scheinst aus unseren Häusern und unserem Leben entfernt zu sein; die Bilder im Fernsehn

zeigen Blut und Angst. Sie zeigen weder deine Liebe noch deine Barmherzigkeit, noch irgend etwas, woran man sehen könnte, daß es dich gibt. Wir haben gehört, du seist in deinem Sohn unter den Menschen gewesen, aber der sei in den Himmel zurückgekehrt. Lebte er, starb er, stand er wieder auf, nur um selbst in den Himmel zu kommen? Er hat versprochen, bei uns zu sein bis ans Ende der Welt. Das ist unser einziger Trost.

Wir bitten dich: Komm wieder! Komm zu uns; laß uns spüren, daß es dich immer noch gibt. Gib uns Hoffnung, weil du bei uns bleiben wirst. Sei so sehr da, daß wir die Augen nicht mehr verschließen können vor dir. Sei so nahe, daß dich keiner mehr leugnen kann. Erfülle dein Versprechen, das du uns in deinem Namen „Jahwe" gegeben hast und das ja heißt: „Ich bin jetzt da."

Lesung: Apg 1, 1–11

Zwischengesang: Schaut nicht hinauf, der Herr ist hier bei uns (LS 91)

Evangelium: Mt 28, 16–20

Predigt

Liebe junge Freunde, Schwestern und Brüder,
meint ihr, daß der letzte Satz des Evangeliums auch für uns gilt? Glaubt ihr, daß Gott *alle* Tage bei uns ist? Jeder von uns hat seine Erfahrungen gemacht mit der Anwesenheit Gottes in seinem Leben.

Wir erleben, daß heute viele Menschen Gott nicht unter den Lebenden vermuten. Für sie ist Gott wie tot, manche halten ihn für tot. *Unser* Glaube läßt uns hoffen, daß er lebt, und läßt uns sagen: Er *kommt* wieder!

Manche von euch denken vielleicht, daß etwas von Gott spürbar ist, wenn wir hier zusammen sind. Da läßt sich glauben und hoffen. Da ahnen wir etwas von seiner Gegenwart. Da erinnern wir uns an das Schriftwort: „Wo zwei oder drei in meinem Namen versammelt sind, da bin ich mitten unter ihnen" (Mt 18, 20).

Aber wenn wir allein sind in der Welt von Schule und Arbeit, von Freizeit und Urlaub, in der Welt, die über Gott schweigt, da ist es uns oft wie den Aposteln nach der Himmelfahrt zumute. In dieser Situation gilt uns genauso die Mahnung der „Männer in weißen Gewändern", die den Aposteln galt: „Was starrt ihr zum Himmel!" Die Lähmung ist perfekt, wir können keinen Satz sagen über Gott. Manch einem ist Gott so fremd geworden, daß er mitleidig noch an seinem Begräbnis teilnehmen würde, ohne zu wissen, wer er war, wie Wolfdietrich Schnurre erzählt.

Ein andermal steigen wir gleichsam hoch hinauf auf einen Turm, um Ausschau zu halten und gespannt in die Ferne zu horchen, ob er irgendwo am Horizont auftaucht. – So geht es uns oft: Wir suchen Gott in der Weite, wie mit einem Fernrohr. Wir verlassen unsere Lebenswelt und meinen, er müßte in irgendeiner uns unbekannten Umgebung durch bestimmte Techniken zu finden sein.

Die Menschen des Barock haben an Christi Himmelfahrt eine Statue des Auferstandenen in der Mitte der Kirche durch eine Öffnung in der Decke nach oben gezogen. Dort verschwand er für die Zeit bis zur nächsten Auferstehungsfeier. – Wir alle stehen in der Versuchung, Gott in den Himmel zu heben, ihn oben zu lokalisieren, als ob er mit unserem Leben nichts mehr zu tun hätte.

Die Vorstellung von Gott außerhalb unseres Lebensraumes aber ist, schlicht und einfach gesagt, falsch. Wir müssen ihn bei uns wiederfinden. Wir müssen ihn kommen lassen, er muß bei uns ankommen können, wir müssen ihm Raum geben in unserem Leben.

Warum fällt uns das so schwer? Wir sind es gewohnt, alles vom Standpunkt der Physik und der Naturwissenschaft aus zu erklären. Es ist uns fremd, in unserem Leben etwas direkt mit Gott in Zusammenhang zu bringen und vielleicht zu sagen: Die Krankheit hat weh getan, aber ich habe eine andere Einstellung zum Leben und zu Gott gefunden. – Zugegeben, das braucht Mut.

Ich möchte euch Mut machen, eure Erfolge und Mißerfolge, eure Freundschaften und Zukunftspläne mit Gott in Zusammenhang zu sehen. Versucht euer Leben nicht nur in Hinsicht auf Geld und Prestige zu deuten, sondern auch aus der Perspektive von Rücksicht und Hilfsbereitschaft, aus dem Gesichtspunkt eines Gottes, der uns voraus ist. Habt Mut zur Güte, zum Gutsein, zu einem herzhaften Wort für die Schwachen und Zaghaften.

Gott wird in euer Leben kommen; wenn ihr ihn verloren habt, kann er wiederkommen. Es bedarf allerdings eines gewaltigen Mutes zu glauben, daß er nicht weggefahren ist, sondern unter uns zum Leben erweckt werden kann. Gebt ihm keine Abfuhr, laßt ihn kommen! Der Mut zum Glauben an Gottes Gegenwart und gute Absicht mit uns ist abenteuerlich wie das Vertrauen zu einem Seilartisten. In einer Stadt hatte ein Akrobat in schwindelnder Höhe sein Seil gespannt und sein Publikum begeistert. Seine Attraktion bestand darin, daß er eine Schubkarre über das Seil schob. Drüben angekommen, fragte er seine Zuschauer, ob sie ihm auch die Rückfahrt zutrauten. Als sie es beifallspendend bejahten, bat er einen: Komm herauf und steig ein, ich fahr dich rüber!

Ähnlich viel Mut braucht unser Glaube, um Gott unser Leben anzuvertrauen. Habt Mut, steigt bei ihm ein, mit ihm kommt ihr an. Wenn euch heute der Mut dazu fehlt, dann probiert es morgen mit ihm – er kommt wieder!
Amen.

Fürbitten

Laßt uns beten! Gott, unser Vater, höre die Klagen und Bitten, die wir heute haben:
- Jeden Tag lesen wir von Kriegsgeschehen in der ganzen Welt. Nicht nur in Ländern, die weit ab von uns liegen, sondern auch in Europa bekämpfen sich Menschen gegenseitig. Herr, schenke den Verantwortlichen die Einsicht, daß Gewalt nicht die richtige Lösung sein kann.
A Wir bitten dich, erhöre uns.

- Ein Kind, das zwei Hände voll Reis pro Tag bekommt, keine Eltern hat und in einer verseuchten Gegend leben muß. Ein Schicksal unserer Welt und unserer Zeit. Herr, wir leiden keinen Hunger. Wir wissen um die Not dieser Menschen. Weise uns den Weg, der uns möglich ist, mit unseren Gaben und Gebeten den Ärmsten der Welt helfen zu können.
A Wir bitten dich, erhöre uns.

- Attentate auf Vertreter wichtiger Einrichtungen unserer Gesellschaft. Herr, halte deine schützende Hand über alle Menschen, brich die Wand des Hasses auf und verhilf allen Verletzten zur Genesung.
A Wir bitten dich, erhöre uns.

- Menschen sterben unbeachtet und werden erst nach Wochen durch Zufall entdeckt. Herr, Gleichgültigkeit soll kein Erkennungszeichen für Christen sein. Mach uns bewußt, wo wir christliche Nächstenliebe leben können.
A Wir bitten dich, erhöre uns.

- Viele Menschen treten ihren Mitmenschen mit Vorurteilen entgegen. Herr, hilf, daß wir versuchen, unsere Vorurteile zu überdenken, uns einander mehr Verständnis entgegenzubringen und eine Einheit in Christus bilden zu können.
A Wir bitten dich, erhöre uns.

- Streiten, hintertreiben, den anderen schlechtmachen: Das geschieht täglich, und wir beteiligen uns daran. Herr, einander zu helfen und zu verstehen, ist oft schwer. Hilf uns, auch im Alltag Christen zu sein, nicht nur in der Kirche während des Gottesdienstes.
A Wir bitten dich, erhöre uns.

Gott, unser Vater, komm in diese unsere Welt und laß dein Heil anbrechen, damit wir heil werden. So bitten wir durch Christus, unsern Herrn. Amen.

Lied zur Gabenbereitung: Gib mir Liebe ins Herz (LS 236)

Gabengebet

Gott, unser Vater, dein Sohn hat sich geopfert, um immer bei uns zu sein. Brot und Wein sind die Zeichen aus jener Zeit; mit ihnen bringen wir auch heute deinen Sohn zum Opfer.

Wir bitten dich, nimm auch die Opfer aus unserer Zeit an. Nimm die Freude an, die wir manchmal opfern; nimm unsere Eitelkeit und unseren Stolz, auf den wir unserer Mitmenschen zuliebe öfter verzichten sollten. Nimm unsere Mühen, unsere Angst, auch unsere Angst, etwas zu opfern, auf etwas zu verzichten. Nimm das alles von uns an, wie du das Opfer Jesu angenommen hast. So bitten wir durch ihn, Christus, unsern Herrn. Amen.

Präfation

Ja, Vater, es ist immer richtig, wenn wir uns bei dir bedanken. Es ist gut und macht glücklich, wenn wir unsere Freude über dich ausdrücken, wenn wir unser Glück in Worte und Melodien fassen und dir ein Loblied singen. Immer, wenn du bei uns ankommst, ist unser Herz voll und unsere Seele frei von Last und Trauer. Wenn du in der Liebe der Menschen zu uns kommst, wenn du uns in Freundschaft und Zuneigung begegnest, wenn wir Hoffnung verspüren und an dich und Menschen glauben können – dann ist es schön. Wenn du kommst, dann verschwinden Angst und Mutlosigkeit, dann geht es in uns auf, dann spüren wir deine Nähe und können wir deine Güte mit Händen greifen.

Voll Dank über dein Kommen möchten wir unsere Stimmen erheben und singen:

Zum Sanctus: Alleluja, auferstanden ist der Herr (LS 88)

Lamm-Gottes-Lied: Herr, wir wollen Brüder werden (LS 83)

Schlußgebet

Laßt uns beten!

Gott, unser Vater! Du bist gekommen, bist bei uns angekommen, bist in unsere Mitte getreten und hast dein Versprechen wahr gemacht, wieder zu kommen. Wir sind glücklich, getröstet und erleichtert. Heute morgen und die nächsten Tage werden wir von deiner Ankunft zehren, davon leben, anderen davon austeilen und wissen: Du kommst wieder, wann immer wir dir Zeit und Raum geben. Dafür sind wir dankbar. Amen.

Schlußlied: Singt dem Herrn alle Völker und Rassen (LS 19)

Josef Grünner

Ernten – danken – säen

Materialien für einen Gottesdienst an Erntedank

Mit der Einladung zu diesem Gottesdienst wurde auch der Wunsch geäußert, einen oder mehrere Äpfel mitzubringen. An jene Teilnehmer, die keinen Apfel bei sich haben, werden beim Betreten der Kirche Äpfel verteilt.

Begrüßung – Hinführung zum Thema
Der Apfel soll uns als Symbol durch den Gottesdienst begleiten, als
- Erinnerung an die Zeit der Ernte, für die wir danken; für das Gewordensein im Leben, für den Geschenkcharakter des Lebens;
- Gabe, die wir zur Gabenbereitung darbringen, stellvertretend für alles, was wir Gott geben können;
- Geschenk, das wir zum Friedensgruß gegenseitig geben mit dem Auftrag, mitzuteilen von dem, was wir als Geschenk selbst empfangen und immer wieder ernten dürfen, ohne selbst gesät zu haben.

Einstimmung ins Thema

1. Sprecher:
Vieles in meinem Leben wurde und wird mir geschenkt. Diese Behauptung kann Widerspruch auslösen, etwa so: „Mir wird überhaupt nichts geschenkt; ich muß mich anstrengen – am Arbeitsplatz, in der Schule und auch noch zu Hause." Oder: „Jeder hat einen Anspruch auf das, was er zum Leben braucht; wir leben schließlich in einem Sozialstaat."
Solche Äußerungen klingen sehr vertraut und wirken ansteckend. Dennoch bleibe ich bei meiner Aussage: Ich erlebe mein Leben weithin als ein Geschenk. Und mein Dank dafür besteht darin, daß ich mein Leben teile: mit meinen Eltern, meinen Freunden, mit euch. Ich teile mein Leben, indem ich mir für jemanden von euch Zeit nehme; indem ich einen Brief schreibe, indem ich andere an dem teilhaben lasse, was bisher mein war.

2. Sprecher:
Wie der Apfel in meinen Händen so manche Druckstellen und Kratzer hat, so hat auch unser Leben oft Kratzer und Verletzungen erfahren. Trotz aller Widrigkeiten ist der Apfel gereift und bietet sich uns nun als Speise zum Verzehren an. Auch uns haben die Kratzer und Spannungen im zwischenmenschlichen Bereich reifer und vielleicht anderen gegenüber aufgeschlossener werden lassen.
Obwohl der Apfel dazu bestimmt ist, verzehrt zu werden, trägt er doch in seinem Inneren den Keim zu neuen Apfelbäumen, zu neuer Frucht. Ebenso tragen wir den Keim zu einem anderen, neuen Leben in uns.

3. Sprecher:
Dieser Apfel war einmal klein. Er mußte ganz von vorne anfangen, hatte einen langen Weg, bis er zu seiner jetzigen Gestalt kam – zu seiner jetzigen Reife. Er mußte gegen viele Widerstände ankämpfen und ihnen standhalten. Fast wäre er einmal bei einem starken Sturm heruntergefallen. Aber dank der Blätter, die ihn schützten, konnte er sich oben halten und dank der Sonne wachsen und gedeihen. Jetzt ist er groß, er ist reif und schön anzusehen . . . Er konnte geerntet werden, und in ihm steckt bereits wieder ein Keim, um neues Leben zu säen. Ist es nicht bei mir genauso? Auch ich mußte klein anfangen und oft gegen viele Widerstände ankämpfen. War nicht auch ich oft nahe daran, aufzugeben oder zu fallen? . . . Aber genau wie dieser Apfel erhielt auch ich Schutz und Hilfe: durch meine Mitmenschen. Wo stünde ich jetzt, hätten sich meine Eltern nicht wie selbstverständlich gut um mich gekümmert. Ist es selbstverständlich, daß ich dahin gekommen bin, wo ich jetzt stehe? Auch ich möchte DANKEN für meine ERNTE und wieder SÄEN . . .

Meditative Musik

Evangelium: Lk 17, 11–19 – Der dankbare Samariter

Predigtgedanken

Jeder von uns investiert viel an Zeit, Kräften, Geduld . . ., damit das Jahr gut gelingt.
Jeder möchte selbst, unabhängig vom anderen, gut zurechtkommen.
Aber: Wir brauchen zum Leben andere Menschen . . . Unser Gewordensein verdanken wir anderen, ist ein Geschenk. Wir können insofern auch vom „Zufall" sprechen, als uns vieles von Gott und von den Menschen her zu-fällt.
Das Geschenk des Lebens verweist auf Gott.

Evangelium: Gott ermöglicht Zukunft, Hoffnung, Gemeinschaft. Dank für Gottes Zuwendung zu den Menschen.

Erntedank: Auftrag, von dem weiterzugeben, was wir erhalten haben.

Zur Gabenbereitung: Äpfel werden als Gaben zum Altar gebracht.

Zum Friedensgruß: Wer möchte, kann einen Apfel verschenken und dabei auch einen Wunsch für den anderen mitteilen.

Liedvorschläge:
Er hält das Leben in der Hand (W 160)
Kleines Senfkorn Hoffnung (LS 255)
Ja, freuet euch im Herrn (W 184)
Alle Knospen springen auf (LS 256)

Miteinander als Gemeinde leben

Zwei verschiedene Gestaltungsvorschläge für einen Wortgottesdienst zu 1 Kor 12, 4–11

In der Mitte der Kirche ist ein überdimensional großes Mobile aufgehängt. Es besteht aus großen bunten Pappscheiben (Ø mindestens 70 cm), die beidseitig mit jeweils einer Gruppe der Gemeinde (nicht nur die sog. aktiven und sichtbaren!) beschriftet sind.

Einzug

Orgelspiel oder anderes Instrumentalstück, um Gelegenheit zum ruhigen Betrachten des Mobiles zu geben.

Begrüßung

In viele Gesichter schau ich – es sind die Gesichter unserer Gemeinde:
viele junge Gesichter, erwartungsvolle, offene, manche vielleicht noch ein wenig müde;
viele erwachsene Gesichter, frohe und ernste, glückliche und sorgenvolle, vielleicht manche eher skeptisch, bekannte und fremde Gesichter . . .
Kein Gesicht ist wie das andere. Genauso unterschiedlich sind unsere Erwartungen und Wünsche, unsere Ängste und Hoffnungen, unser ganzes Leben.
Und doch nennen wir uns Gemeinde und gehören zusammen, weil wir in all unserer Verschiedenheit einen gemeinsamen Angelpunkt haben: Jesus Christus.
Daß er uns trägt und uns gleichzeitig Spielraum zu unserer freien Entfaltung gibt, darauf vertrauen wir und darin wollen wir einander in diesem Gottesdienst bestärken.

Lied: Ein Schiff, das sich Gemeinde nennt (W 113, Str. 1 und 3)

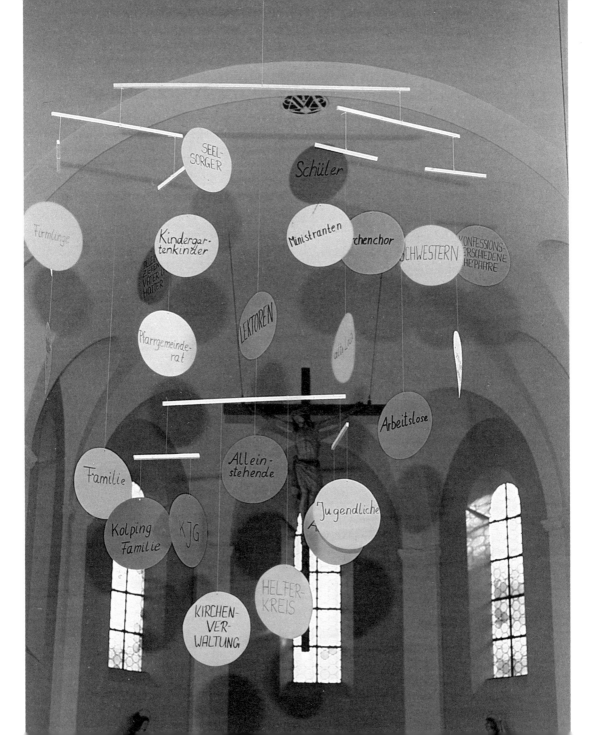

Bußakt

1. Sprecher: Miteinander leben, miteinander als Gemeinde leben – scheinbar ein klarer Fall, denn alleine geht's ja nicht.
Aber wir wissen nur zu gut:
2. Sprecher: Statt miteinander geht's oft durcheinander:
Wir blicken nicht mehr durch, weil keiner den anderen ausreden läßt, weil ein Mißverständnis das nächste ergibt – das ist im großen Weltgeschehen nicht anders als im ganz persönlichen Lebensbereich.
3. Sprecher: Statt miteinander geht's oft nebeneinander und aneinander vorbei:
„Da hör' ich gar nicht mehr hin." – „Mit dem kann man ja doch nicht reden." – „Das kann doch mir egal sein." – „Deine Meinung interessiert mich nicht." . . .
4. Sprecher: Statt miteinander geht's schließlich oft gegeneinander und aufeinander los:
Da brüllt der Chef seinen Angestellten zusammen; die Lehrerin macht einen Schüler fertig; Politiker werfen sich Grobheiten an den Kopf; zwei Völker beginnen einen Krieg . . .
1. Sprecher: Miteinander leben ist sogar in einer christlichen Gemeinde nicht immer einfach. Es gibt Kleinlichkeit und Intoleranz, Konkurrenzdenken und Neid, Gleichgültigkeit und Aggressionen.
Herr, wir haben Grund, dein Erbarmen zu erbitten und uns immer wieder zu besinnen, was Gemeinde sein könnte.

Lied: Herr, erbarme dich unserer Zeit (W 80)

Tagesgebet

Herr, unser Gott. Junge und alte Menschen, einfache und kluge, erfolgreiche und solche, die sich schwertun, hast du hier zusammengeführt als deine Gemeinde. Gib einem jeden etwas von deinem guten, heiligen Geist, damit wir dich und uns selbst und einander besser verstehen und vorankommen auf dem Weg, auf den du uns miteinander gestellt hast. Darum bitten wir durch Jesus Christus. (Meßbuch, Tg. 15)

Lesung: 1 Kor 12, 4–11 (ÜS „Die gute Nachricht")

Zwischengesang: Alleluja aus Taizé (J. D.)

Evangelium: Mt 5, 43–48 (ÜS „Die gute Nachricht")

Predigt

Die Traumgemeinde der allerersten christlichen Anfänge nach Lukas – „Alle waren ein Herz und eine Seele" (Apg 4, 32) – ist sicher schon bald den realistischen Bedingungen menschlichen Zusammenlebens angepaßt gewesen. Aus Paulusbriefen wissen wir, daß in Korinth die Gemeinde sehr zerstritten war, eigentlich kurz davor, auseinanderzubrechen. Das ist der Hintergrund der Lesung.

Es macht uns Paulus sympathisch, daß er in dieser Situation keine moralischen Appelle vom Stapel läßt oder mit strengen Disziplinarmaßnahmen droht – damit hätte er wahrscheinlich auch wenig erreicht.

Er will ja gar keine Einheitsgemeinde, in der alle das Gleiche denken und sagen. Erst die Vielfalt der Meinungen und Interessen macht das Ganze lebendig. Das entspricht auch unserer Erfahrung: Gemeinde ist ein ganz und gar vielschichtiges, schillerndes Gebilde, in dem Leben und Bewegung möglich sein muß.

Natürlich sucht man immer wieder nach Kriterien der Gemeindezugehörigkeit: etwa Gottesdienstbesuch oder aktive Mitgestaltung des Gemeindelebens? Wenn man sich einmal die Mühe macht, wirklich alle Gruppierungen innerhalb einer Gemeinde zusammenzuzählen, wird man feststellen, daß solche Rahmen viel zu eng sind. Dazu gehören ja auch die vielen, die sich aus verschiedensten Gründen so gut wie nie blicken lassen oder nur zu den berühmten Anlässen wie Taufe, Kommunion usw. Es steht uns eigentlich nicht zu, über die Gemeindenähe oder -ferne der einzelnen zu urteilen, weil wir die Gründe für Kommen oder Wegbleiben meist nicht wissen.

Statt negativ abzugrenzen, ist es viel aufbauender, positiv die unterschiedlichen, oft auch gegensätzlichen Gruppen der Gemeinde zu ermutigen, ihren Beitrag einzubringen. Oder auch den Beitrag der anderen zu tolerieren, selbst wenn es nur schwerfällt. Das Verständnis zwischen den Generationen gerade im Hinblick auf kirchliche Tradition und „neuen Wind" wird hier immer ein besonders wichtiger Punkt sein.

Oft heißt der Vorwurf der Erwachsenen an die Jugend: „Ihr glaubt ja nichts mehr." In Wirklichkeit aber vertun sie mit diesem Vorwurf die Chance zu sehen, daß Jugendliche eigentlich die Aktualität des Glaubens an Jesus Christus neu entdecken wollen, auch mit Hilfe neuer und vielleicht ungewohnter und ungewöhnlicher Formen. Mit ihren Fragen nach der Radikalität der Botschaft Jesu und mit dem Bemühen, ihren Glauben im Alltag zu bewähren, können sie die Gemeinde ungemein bereichern. Unbequem mag es freilich oft sein, wenn sie fragen und in Frage stellen, was bisher selbstverständlich war.

Andererseits wird auch von seiten der Jugendlichen oft vorschnell verurteilt: Verknöchert! Altmodisch! Langweilig! Und dabei geht die Chance verloren, die religiöse Erfahrungswelt der Erwachsenen besser zu verstehen und vielleicht sogar für sich fruchtbar zu machen.

Was dieses eine Beispiel vom oft zitierten Konflikt Jugend – Erwachsene eigentlich sagen will: Es soll in einer Gemeinde nicht um gegenseitige Belehrung und Rechthaberei gehen. In allen Bereichen wäre es ein Segen, wenn gerade auch gegen oberflächliches Empfinden und Voreingenommenheit ein Klima geschaffen werden könnte, in dem sich auch der Andersdenkende aufgehoben und bejaht fühlen kann. Lebensraum für alle, gerade auch für die, die nur schwer ihren Platz in der Kirche finden und die allzu leicht in Gefahr sind, von der Gemeinde benachteiligt zu werden.

Paulus hat das seiner Gemeinde in Korinth klargemacht mit dem Bild von den vielen Gliedern, die zusammen einen Leib bilden: ein eindrucksvolles Bild, das für sich spricht.

Trotzdem wollten sich die Jugendlichen der Vorbereitungsgruppe damit nicht zufriedengeben, sondern suchten selbst nach eigenen Bildern.

Am meisten faszinierte sie dann der Vergleich mit einem Mobile, und so machten sie sich gleich daran, eines zu basteln. Es soll veranschaulichen, was Paulus über die christliche Gemeinde schreibt:

Ein Mobile ist an einem Punkt festgemacht, der das Ganze trägt. Alles dreht sich um diesen Punkt.

Es besteht aus vielen Einzelelementen, die miteinander in Verbindung stehen. Sie halten sich gegenseitig im Gleichgewicht.

Wenn ein neues Teil dazukommt, muß sich das ganze Mobile neu einstellen. Manche Teile sind damit beschäftigt, sich immer nur um sich selbst zu drehen, aber die anderen tragen es mit.

Manchmal stoßen Teile aneinander, dann gibt es Unruhe: Belebung, Bewegung, dann wieder Auspendeln und Beruhigung, Gleichgewicht. Es ist schön, wie sich die unterschiedlichen Elemente umspielen und gleichzeitig halten – Spielraum und trotzdem Sicherheit. Die Bewegungen übertragen sich von einem Element auf das andere. Doch die anstoßgebende Kraft liegt nicht im Mobile selber, ebensowenig der letztlich sichere Halt. Beides kommt von außen.

Es gibt verschiedene Gnadengaben, aber nur einen Geist.
Es gibt verschiedene Dienste, aber nur einen Herrn.
Es gibt verschiedene Kräfte, aber nur einen Gott. Er bewirkt alles in allen (1 Kor 12, 4–6).

Fürbitten

P.: Laßt uns bitten um den Geist Gottes, damit wir lebendige Gemeinde sind um unseren tragenden Mittelpunkt Jesus Christus.

- Für alle, die Freude daran haben, das Gemeindeleben mitzugestalten: daß sie sich immer wieder selbstkritisch befragen, warum sie sich engagieren, damit ihre Arbeit nicht zum Selbstzweck wird.
- Für alle, die hier in irgendeiner Form miteinander zu tun haben: daß sie versuchen, so miteinander zu reden, daß sich keiner mißverstanden oder ins Abseits geschoben fühlen muß.
- Für alle, die offen ihre Meinung äußern: daß sie auch andere Meinungen anhören und respektieren und bei Auseinandersetzungen fair bleiben.
- Für alle, die sich lieber abseits vom sogenannten aktiven Gemeindeleben halten: daß sie nicht das Gefühl haben müssen, weniger wert zu sein als die anderen und sich trauen, dann zu kommen, wenn sie das Bedürfnis danach haben.
- Für uns alle, die wir versuchen wollen, miteinander als Gemeinde zu leben: daß wir uns gegenseitig Halt geben, ohne zu vereinnahmen, daß wir uns Raum geben, ohne alleinzulassen.

P.: Herr, du bist unser Halt in allem, was wir tun. Auf deinen Beistand können wir uns verlassen.

Variante: Alternative zur Predigt

Materialien:
In der Kirche steht ein kahler Baum oder Strauch. Aus grünem Papier sind verschiedene Blätter zurechtgeschnitten. Zum Aufhängen der Blätter sind Schnur, Schere und eventuell eine kleine Stehleiter oder ein Stuhl erforderlich. Schreibzeug für möglichst viele Teilnehmer soll vorhanden sein.

Lesung: 1 Kor 12, 4–11

Wir bauen einen Lebensbaum

Viele von euch haben sich wahrscheinlich schon gefragt, was es mit dem kahlen Baum für eine Bewandtnis hat. Ich möchte euch einladen, den Baum mit Leben zu füllen, einen Lebensbaum daraus zu machen. Dieser Baum ist ein Bild für uns: für die Jugend, für diese Gemeinde, für die Kirche. Es gibt eine Zeit, da ist dieser Baum voller Leben: Er hat Blätter, blüht, trägt Früchte. Es gibt aber auch eine Zeit, da sind die Blätter dürr, das Leben ruht, fast könnte man meinen, der Baum sei tot. Der Baum, so wie er jetzt vor uns steht, ist ein Bild für uns, wenn sich gar nichts tut, wenn alles schläft, wenn jedem langweilig ist, wenn ihr – wie ihr sagt – „null Bock" auf das Leben habt. Ganz anders ein Baum voller Blätter, Blüten und Früchte. Auch das gibt es bei uns: Leben, Blüten, Früchte. Ob die Jugend, eine Gemeinde oder die Kirche lebt, hängt von einem jeden von uns ab. Jeder ist auf seine Weise wichtig und notwendig.

Denkt jetzt kurz darüber nach, wovon es abhängt, daß eine Gemeinde lebt, blüht und Früchte trägt. Schaut zuerst auf euch selbst, auf eure Anlagen, Fähigkeiten und Talente. Wir denken jetzt in Ruhe ein paar Minuten darüber nach. Jeder kann nun das, was ihm eingefallen ist, auf diese Blätter schreiben. (Blätter und Schreibzeug werden ausgeteilt.) Hinsichtlich der Formulierung soll sich jeder ganz frei fühlen und sich so äußern, wie er es möchte. Viele sind für eine kleine Hilfestellung dankbar; dazu einige formale Anregungen:

Eine Gemeinde lebt, wenn . . .

In eine Gemeinde kommt wieder Leben, wenn . . .

In unserer Gemeinde rührt sich etwas, weil . . .

Es wirkt belebend, wenn ich . . .

Es spricht für Leben in unserer Gemeinde, daß . . .

Sind die Jugendlichen und Erwachsenen mit dem Beschreiben der Blätter fertig, kann jeder sein Blatt (oder seine Blätter) an den Baum hängen. Wer will, kann vorher seinen Beitrag allen vortragen. Wenn die Teilnehmerzahl nicht zu groß ist, können sich alle um den Baum versammeln, um zu erfahren, wovon Gemeinde lebt.

Einige Beispiele aus einem Gottesdienst:

Eine Gemeinde lebt, wenn ich auf den anderen zugehe und nicht darauf warte, angesprochen zu werden.

Ich kann den Gottesdienst beleben, indem ich mitbete und mitsinge.

Es wirkt belebend, wenn ich mir Zeit nehme, um die kranke Nachbarin zu besuchen.

Bibel-Wandertage

Wenn wir längere Zeit unterwegs sind, haben wir meistens auch Proviant dabei. Diese Nahrungsmittel haben den Sinn der Stärkung im Unterwegs-Sein zu einem Ziel. Wir müssen eine Pause einlegen, um wieder zu Kräften zu kommen. Eine solche Unterbrechung kann neues Leben wecken. Es stellt sich das Gefühl ein, daß der weitere Weg eher zu schaffen ist. In dieser vertrauten Erfahrung wird bildhaft angedeutet, was sogenannte Bibel-Wandertage möchten. Das Wort der Schrift, die gute Nachricht ist Nahrung für unterwegs, die nicht nur sättigt, sondern von der ich leben kann. Diese Botschaft mit auf den Weg zu nehmen, motiviert zum Aufstehen, zum Weitergehen . . .

Jugendliche gehen gemeinsam zu einem vereinbarten Ziel und teilen unterwegs einander mit, was sie in den vergangenen Tagen erlebt haben, wie sie mit verschiedenen Erfahrungen umzugehen gelernt haben, was sie in ihrem Glauben immer wieder stärkt, wie ein Wort der Schrift sie berührt bzw. betroffen macht. Im vertrauensvollen Gespräch kann eine gegenseitige Vergewisserung im Glauben und eine Ermutigung zu konsequenten Verhaltensweisen ermöglicht werden.

Die Bibel-Wandertage möchten bei der Erfahrung des Unterwegs-Seins anknüpfen. Wichtige Dinge, die zu jeder Wanderung gehören, stehen am Anfang des Gesprächs, zum Beispiel Brot, Baum oder Weg. Auch Zeichen am Weg können Ausgangspunkt für das Glaubensgespräch sein: ein Wegkreuz, eine Kapelle, eine Votivtafel, die Dorfkirche, ein Gipfelkreuz.

1. DAS TÄGLICHE BROT

An Brot bzw. an Nahrungsmitteln mangelt es uns hierzulande kaum. Wir meinen auch nicht so sehr die Nahrungsmittel, wenn wir vom täglichen Brot sprechen, sondern eher Lebensmittel, d. h. all das, was wir täglich zum Leben brauchen. Tägliches Brot meint mehr als satt werden oder sich alles leisten können. Es gibt auch in unserem Lebensbereich unzählige Beispiele, die auf Defizite im Menschen hinweisen. Viele Menschen bekommen das nicht mehr, was sie zum Leben bräuchten.

Was meinen wir, wenn wir beten: Unser tägliches Brot gib uns heute? Die Teilnehmer des Bibel-Wandertages werden eingeladen, sich mit dieser Vater-unser-Bitte zu beschäftigen. Folgende Anregungen zur Auswahl bieten unterschiedliche Gestaltungsmöglichkeiten.

1. Brot ist für viele von uns ein alltägliches Nahrungsmittel geworden. Meistens essen wir Brot mit Beigaben, so daß wir den Geschmack des Brotes nur selten auskosten. Das reichhaltige Angebot an Brot lädt uns geradezu ein, machnmal „nur" Brot zu essen. Den Jugendlichen wird vorgeschlagen, für die Wanderung nur Brot mitzunehmen und als Getränk Wasser. (Es empfiehlt sich, keinen allzu anstrengenden Weg zu wählen.) Die einfache Nahrung soll die Teilnehmer für Brot und den Umgang damit sensibler machen.

2. Zu Beginn der Wanderung werden die Jugendlichen eingeladen, unterwegs darüber nachzudenken, welche Erfahrungen sie mit Brot schon gemacht haben. Jeder kann – wem er will – seine „Brotgeschichte" erzählen.

3. Bei einer ersten Pause wird – ohne Aufforderung zum Teilen – Brot gegessen. Jeder kann sagen, welche Gedanken, Einfälle oder Empfindungen er gerade hat, während er das Brot ißt.

4. Zum Schluß der Brot-Zeit erhalten alle folgenden Text:

BROT TEILEN

Fachleute der Ernährung behaupten,
daß etwa 600 Millionen Menschen
jeden Tag ihres Lebens hungern.

Sie hungern so sehr,
daß jeden Tag
über 100 000 am Hunger sterben.

Sie haben zuwenig Brot,
oft keines,
zuwenig Reis,
oft keinen,
zuwenig Hirse,
oft keine.

Und ich bete täglich:
Vater,
unser tägliches Brot gib uns heute.

Und ich erhalte täglich so viel,
daß ich 20, 30, 50 oder 100 Laib Brot haben könnte.
19, 29, 49 oder 99 Laib blieben mir übrig.

Vater,
warum gibst du mir so viel Brot?

aus: „Brotbriefe" von Friedrich Giglinger, hrsg. vom Vikariat Unter dem Wienerwald, Neuklostergasse 1, A-2700 Wiener Neustadt

Der Leiter liest den Text vor. Beim Weitergehen kann jeder das Gehörte für sich überdenken. Für das weitere Gespräch zu zweit oder zu dritt werden folgende Impuls-Fragen mit auf den Weg gegeben:
– Was meine ich, wenn ich bete: Unser tägliches Brot gib uns heute?
– Worum bitte ich da konkret?
– Wir beten so, obwohl wir genügend Brot haben. Wozu verpflichtet das?

5. Am Ziel des gemeinsamen Weges bieten sich viele Möglichkeiten als Abschluß des Bibel-Wandertages: Gebet, Wortgottesdienst, Meditation, Eucharistiefeier.

Brot-Meditation

Die Jugendlichen setzen sich im Kreis auf den Boden. Jeder legt ein Stück Brot in seine Hand und betrachtet das Brot. So wie der Atem von selber kommt und wieder geht, lasse ich alles, was mir zu Brot gerade einfällt, kommen und wieder gehen. Nach einigen Minuten der Stille spricht der Leiter einige Texte. Die Pausen dazwischen sind ebenso wichtig wie das gesprochene Wort.

Frucht der Erde und der menschlichen Arbeit

Du bist mein Brot

Ich möchte Brot sein für dich

Es gibt so viele hungernde Menschen in der Welt, daß Gott nur in der Form von Brot zu ihnen kommen kann (M. Gandhi)

Ich bin das Brot des Lebens (Joh 6, 35a)

Herr, gib uns immer dieses Brot (Joh 6, 34)

Sie erkannten ihn, als er das Brot brach (Lk 24, 35b)

Der Leiter betet nun langsam das Vater unser bis zu der Bitte: Unser tägliches Brot gib uns heute. Hier lädt er alle ein, ihre Anliegen auszusprechen; in der Form des Dankes, der Fürbitte oder der „Gegenbitte". Dazu je ein Beispiel:
- Ich möchte dir danken, Herr, für das Brot dieses Tages: für die Worte, die mich wieder aufhorchen ließen; für die menschliche Nähe; für diese Gemeinschaft.
- Ich bitte dich für die vielen Menschen, die das Brot täglich vermissen; laß uns Wege finden, wie wir wenigstens für einige von ihnen Brot sein können.
- Ich wende mich gegen unsere Sattheit, die uns gleichgültig macht gegenüber der Not von Menschen. Durchkreuze unsere Lebensgewohnheiten, damit wir wieder aufhorchen und handeln.

Anschließend betet der Leiter das Vaterunser zu Ende.

6. Das Gespräch über das tägliche Brot wird auch die Frage aufwerfen, was können wir konkret für Menschen in der Dritten Welt tun, die noch nie in ihrem Leben satt geworden sind. In manchen Gemeinden gibt es bereits sogenannte Patengemeinden. Über den Missionar oder die Missionsschwester eines Ortes wäre eine Kontaktaufnahme und konkrete Hilfe möglich. Die großen Hilfsorganisationen bieten auch kleinere Projekte an, die eine Jugendgruppe oder eine Gemeinde in Erwägung ziehen könnte. Der erste Schritt wird sein, konkrete Informationen anzufordern.

7. Adressen von Hilfsorganisationen:

Adveniat – Bischöfliche Aktion für die Kirche in Lateinamerika, Bernestraße 5, 4300 Essen

Aktion Dritte Welt-Handel e.V., Fichardstr. 38, 6000 Frankfurt 1

Arbeitsgemeinschaft für Entwicklungshilfe (AGEH), Theodor-Hürth-Straße 2–6, 5000 Köln 21

Brot für die Welt – Informationsreferat, Stafflenbergstraße 76, 7000 Stuttgart 1

Bundesministerium für wirtschaftliche Zusammenarbeit – Referat Öffentlichkeitsarbeit, Karl-Marx-Straße 4–6, 5300 Bonn

Deutsches Aussätzigen-Hilfswerk (DAHW), Dominikanerplatz 4, 8700 Würzburg 11

Misereor – Referat Bildung, Mozartstraße 9, 5100 Achen

Missio – Internationales Katholisches Missionswerk, Hermannstraße 14, 5100 Aachen – oder Pettenkoferstraße 26, 8000 München 2

2. DER BAUM – GLEICHNIS FÜR DAS LEBEN

1. Wo immer uns der Weg bei einer Wanderung hinführt – wir werden auf jeden Fall vielen Bäumen begegnen. Meist fällt uns das gar nicht weiter auf, höchstens buchstäblich „am Rande". Vielleicht achten wir seit dem plötzlichen Auftauchen des schrecklichen Gespenstes „Waldsterben" wieder mehr darauf; das bange Ausschauhalten nach Krankheitszeichen an Fichten und Tannen ist aber auch nicht gerade dazu angetan, uns am Anblick der Bäume zu erfreuen.

Für unseren Bibel-Wandertag könnten wir uns vornehmen, einmal ganz bewußt die Bäume auf unserem Weg oder einen ganz bestimmten Baum anzuschauen. Und zwar nicht mit den Augen des Naturkundlers oder des Ökologen, sondern mit Augen, die sehen und gleichzeitig deuten wollen.

Der Baum war den Menschen seit jeher Symbol von ungeheurer Aussagekraft, das existentielle und auch religiöse Dinge berührt – man denke an Baumgottheiten, heilige Haine, Stammbäume, Lebensbäume, den Baum im Garten Eden, den Kreuzesbaum . . . Wie der Mensch einen Baum zeichnet, gibt oft wichtige Hinweise auf sein seelisches Befinden.

2. Von der eigentümlichen Verbindung zwischen Menschsein und Baumsein spricht Psalm 1 im Alten Testament. Dieser Psalm soll uns auf unserem Weg begleiten als „Hintergedanke" jeder eigenen oder gemeinsamen Baummeditation:

Glücklich der Mensch . . .,
der Gottes Weisungen in sein Herz nimmt
und über sie nachsinnt Tag und Nacht.
Der ist wie ein Baum, der an einem Wasserlauf steht,
der Kraft hat, Frucht zu tragen, wenn es Zeit ist,
und dessen Blätter nicht verwelken.
Glück und Gelingen liegen über seiner Arbeit (Ps 1, 1–3)

Die Tassilo-Linde in Wessobrunn (Foto Wilfried Bahnmüller – Bavaria)

3. Irgendein besonders schöner oder markanter Baum wird uns dazu einladen, uns um ihn herumzusetzen. Jeder soll ihn eine Zeitlang für sich betrachten, seinen eigenen Baumgedanken nachhängen. Einige Impulse verhelfen möglicherweise zur intensiveren Wahrnehmung, die später je nach Bedürfnis einander mitgeteilt werden kann.

– Den Baum auf alle Sinne wirken lassen und dadurch seine Wirk-lichkeit erschließen:

mit den Augen	– von weitem, aus der Nähe, gegen das Licht, Einzelheiten erfassen
mit den Ohren	– beim Gehen eines Waldweges, beim Sitzen unter einem Baum
mit der Nase	– im Frühjahr, Sommer oder Herbst, nach einem Regen, sonnenwarme Rinde
mit den Händen	– Unterschiede der verschiedenen Baumarten ertasten, Unebenheiten, Moos, Einritzungen erfühlen

– Den Baum auf seine Erinnerung wirken lassen:
Taucht etwa der geliebte Kletterbaum meiner Kindheit vor mir auf?
Oder der verbotene Apfelbaum aus Nachbars Garten?
Das alte Baumhaus?
Die meisten von uns hatten irgendwann ein „Baumerlebnis", beglückend, aufregend, auch erschreckend. Was finde ich faszinierend an diesem Baum, was beängstigt mich eher?

– Den Baum verinnerlichen:
Ich stelle mir vor, selbst ein Baum zu sein. Welche Eigenschaften wären mir dabei am wichtigsten?
Möchte ich lieber eine Birke sein, eine Eiche oder . . .?
Wie schauen die Bäume aus, die ich vielleicht schon gemalt habe?

– Den Baum, wie er im Psalm 1 beschrieben ist, in seiner Sinnbildlichkeit erfassen:
Finde ich mich selber wieder in diesem Baum, wenn ich mein Verhältnis zu Gott überdenke?
Bin ich stark verwurzelt, oder bringt mich jeder Windstoß ins Schwanken?
Fühle ich mich nahe dem Austrocknen?
Woher ziehe ich mein Wasser, meine Kraft?
Ist es überhaupt möglich, sich als Mensch mit vielen Schwächen mit einem solchen Prachtbaum zu vergleichen?

Diese Impulse zum Nachdenken oder zum Gespräch sind als Anregungen gedacht, die beliebig ergänzbar sein werden. Vielleicht ergeben sich in der konkreten Situation ganz andere und neue Aspekte.

4. Eine andere Möglichkeit des Gedankenanstoßes kann aber auch ein konkreter Text sein, vorgelesen oder zum Selberlesen ausgeteilt:

Der Baum singt

Ich bin ein Baum.
Ich bin auf einem Hügel geboren.
Mich schützen keine Wälder.
Ich steh allein.

Männer mit Beilen bestimmen die Gegend.
Doch wir Bäume sind nie verloren.
Unter der Erde
unsere Wurzeln berühren sich leis.

Ich bin ein Baum.
Wende mich lieber zur Sonne hin.
Liebende lehnen sich an mich an,
wenn sie hilflos sind.

Ich wechsle die Farbe, den Namen, die Form,
aber nie den Sinn.
Und habe eine kräftige Stimme gegen den Wind.

Konstantin Wecker, aus: Lieder und Gedichte, Ehrenwirth Verlag, München 1981, S. 243

Ziehende Landschaft

Man muß weggehen können
und doch sein wie ein Baum:
als bliebe die Wurzel im Boden,
als zöge die Landschaft und wir ständen fest.
Man muß den Atem anhalten,
bis der Wind nachläßt
und die fremde Luft um uns zu kreisen beginnt,
bis das Licht von Spiel und Schatten,
von Grün und Blau,
die alten Muster zeigt
und wir zuhause sind,
wo es auch sei,

und niedersitzen können und uns anlehnen,
als sei es an das Grab
unserer Mutter.

Hilde Domin, aus: Nur eine Rose als Stütze, S. Fischer Verlag, Frankfurt/M. 1959, S. 9

Auf dem Weg von vorgestern nach übermorgen
lagere ich unter einem Baum
in seinem Schatten
für einen Bruchteil meines Lebens
in Gedanken an den Weg, das Ziel
die zurückgelegte Strecke
an all das, was am Wegesrand blüht
nicht geraubt werden darf
aber bewundert
n nicht mißbraucht
aber geliebt
nicht entführt
aber in Erinnerung bleiben wird.

Auf dem Weg von vorgestern nach übermorgen
lagere ich unter meinem Lebensbaum
in seinem Schatten
für einen Bruchteil meiner Zeit

aus: Margot Bickel / Hermann Steigert, Pflücke den Tag, Verlag Herder, Freiburg ⁸1981, o. S.

Wir sägten Holz, griffen dabei nach einem Ulmenbalken und schrien auf. Seit im vorigen Jahr der Stamm gefällt wurde, war er vom Traktor geschleppt und in Teile zersägt worden, man hatte ihn auf Schlepper und Lastwagen geworfen, zu Stapeln gerollt, auf die Erde geworfen – aber der Ulmenbalken hatte sich nicht ergeben! Er hatte einen frischen grünen Trieb hervorgebracht – eine ganze künftige Ulme oder einen dichten, rauschenden Zweig.

Wir hatten den Stamm bereits auf den Bock gelegt, wie auf einen Richtblock; doch wir wagten nicht, mit der Säge in seinen Hals zu schneiden. Wie hätte man ihn zersägen können? Wie sehr er doch leben will – stärker als wir!

Alexander Solschenizyn, aus: Im Interesse der Sache (1970), Hermann Luchterhand Verlag, Darmstadt und Neuwied

Ich lebe mein Leben in wachsenden Ringen,
die sich über die Dinge ziehen.
Ich werde den letzten vielleicht nicht vollbringen,
aber versuchen will ich ihn.

Ich kreise um Gott, um den uralten Turm,
und ich kreise jahrtausendelang;
und ich weiß noch nicht, bin ich ein Falke, ein Sturm
oder ein großer Gesang.

Rainer Maria Rilke, aus: Sämtliche Werke. Insel Verlag, Frankfurt am Main 1966

Durch Frühlingswald geh ich und schau
die Bäume,
Stamm für Stamm begrüßt von lockender Sonne
und spielendem Wind.
Nun hält es die Knospen nicht länger.
Silbergrün tanzen die Schleier
aus Licht.
Baum um Baum enthüllt seine Pracht
zitternd.

Sie konnten warten
winterstarr und geduldig
nebeneinander.

Nebeneinander
erwachen sie zu neuem Leben.

Und einer schöner als der andere
winkt seinem Bruder
zärtlich
und lehrt mich
vieles.

Da steht ein Baum inmitten von wogenden Sommerfeldern. Mächtig ist seine Gestalt,
ehrfurchtgebietend schon von weitem. Den starken Stamm siehst du und denkst: Dich wirft
nichts um, Baum. Und dann stehst du unter seiner Krone und schaust hinauf. Kraftvoll breiten
sich die Äste aus über dir wie ein Zelt aus lichtem Grün.
Geborgen fühlst du dich hier und lehnst dich an diese große alte Schulter. Du machst die Augen

zu und hast teil an dieser Kraft, die tief aus der Erde kommt und strömt bis in die kleinste Blattspitze. Du selbst schickst deine Wurzeln in die Tiefe und fühlst: Nichts kann mich umwerfen. Aus dir selbst bricht üppige Fülle hervor, verschwenderisches Dasein für das Leben ringsum, ohne dafür etwas zu fordern. Ungehindert schaust du mit ihm, deinem Freund, in die Weite, und dein Blick kennt weder Enge noch Angst.
Du schmiegst dich an deinen Baum, und sein unbändiges Leben fließt auch in dir.

5. *Gebet:*
Deine Schöpfung, Herr, hast du uns nicht nur zum praktischen Nutzen anvertraut
– vom Mißbrauch ganz zu schweigen –,
nein, du willst auch, daß wir in den Dingen die Gleichnisse erkennen für eine höhere, deine Wirklichkeit, das Leben.
Laß uns auch im Baum das Zeichen sehen dafür,
in dir verwurzelt zu sein,
aus dir die Kraft zu ziehen, das Lebenswasser,
und so die Freiheit zu atmen, die aus deinem festen Grund erwächst.
So leben wir aus dir und wissen:
Noch ehe das letzte Blatt zu Boden fällt,
hast du bereits die Knospen gebildet an uns
für das Leben, das keinen Herbst kennt.

3. UND ER WUNDERTE SICH ÜBER IHREN UNGLAUBEN (Mk 6, 6a)

Ein Ziel dieses Tages ist es, den Zeichen des Glaubens, denen wir unterwegs begegnen, unsere Glaubenszweifel gegenüberzustellen. Obwohl wir uns Christen nennen und unsere Gläubigkeit auch immer wieder unter Beweis stellen, stecken in einem jeden von uns auch Glaubenszweifel. Wie es für unser körperliches Wohlbefinden wichtig ist, Symptome einer Krankheit ernst zu nehmen, so ist es auch für die „gläubige Gesundheit" unabkömmlich, das in uns zu entdecken und wahrzunehmen, was es uns schwer macht zu glauben.
Die Wanderung kann mit einem Gespräch darüber beginnen, wo der einzelne in seiner Umgebung immer wieder Spuren unseres Glaubens begegnet (Kirche, Wegkreuz, Statue, Friedhof . . .). Jeder kann erzählen, was er mit diesen Zeichen anfangen kann, welche Erfahrungen und Erlebnisse er damit verbindet.
Bei einer ersten kleinen Rast werden den Teilnehmern folgende Aussagen mit auf den Weg gegeben:

- Vor fast genau hundert Jahren sagte Friedrich Nietzsche: „Gott ist tot! Gott bleibt tot! Und wir haben ihn getötet!"
- Ich habe jahrelang darum gebetet, sagte die junge Frau, daß meine Tochter gesund wird. Vor drei Monaten ist sie gestorben. Seither ist auch Gott für mich gestorben.
- „Das Leben beschwört viele Gefahren herauf, die schlimmste aber ist, wenn uns die Beziehung zu Gott mißglückt" (Erwin Ringel, Therapeut in Wien).

Jeder beschäftigt sich ein Stück des Weges allein mit einer dieser oder ähnlicher Aussagen. Folgende Fragen können dabei hilfreich sein:
- Was löst diese Aussage in mir aus?
- Welche Erfahrungen fallen mir dazu ein?
- Was möchte ich antworten, wenn jemand so zu mir spricht?

In kleinen Gruppen tauschen jetzt die Teilnehmer ihre Erfahrungen aus. Dieses Gespräch dient gleichzeitig der gegenseitigen Ermutigung, auch über die eigene Verunsicherung im Glauben zu sprechen.

In einer Kapelle, an einem Wegkreuz oder auf einem ruhigen Platz sammeln sich die Teilnehmer, um ein Wort der frohen Botschaft zu hören: Markus 6, 1–6a.

Gedanken zum Evangelium

Dieser Bericht ist keine Familienlegende und auch kein Streitgespräch, denn Jesus gibt keine Widerlegung. Das Evangelium steht vielmehr unter dem Thema des Schlußsatzes: „Und er wunderte sich über ihren Unglauben." Markus stellt fest, daß die Fragesteller an Jesus Anstoß nahmen, daß sie an ihrem Unglauben scheiterten. Sie sagen: Wie kommt dieser Schreiner aus unserem Dorf dazu, im Namen Gottes zu sprechen? Der Schlußvers macht deutlich, daß die Frage nach Glauben oder Unglauben für Markus eine existentielle Frage ist. Den Christen soll eingeschärft werden, der Unglaube blockiere jedes Heilswirken. Wer zu Jesus von Nazareth ja sagen will, muß auch zum konkreten Menschen ja sagen. In ihm begegnet uns Gott. Der gewöhnliche Mensch, die Banalität des Alltags, hat Heilsbedeutung erlangt.

Fragen zur Auswahl für das weitere Gespräch

- Was würde ich einem Menschen sagen, der aufgehört hat zu glauben, weil ein erwartetes „Wunder" nicht eingetreten ist?
- Den Glauben in der eigenen Familie, bei Freunden oder in der Gruppe zu bezeugen, erweist sich oft als sehr mühsam. Wie geht es mir damit?

- Wann hatte ich heute, gestern oder an den vergangenen Tagen das Gefühl, Gott begegnet zu sein? Welches Erlebnis hat mich auf Gott verwiesen?
- Was tue ich gegen meine Glaubenszweifel?
- Welchem Unglauben begegne ich in meiner Umwelt, und wo sind die Ursachen zu suchen?

Gründe für die Verunsicherung im Glauben

Die Ursache für manchen Glaubenszweifel nur bei sich selbst zu suchen, wirkt sehr schnell entmutigend. Oft liegen die Gründe außerhalb unseres Verantwortungsbereiches. Darum ist es wichtig, bei einem solchen Gespräch auch andere Gründe zu nennen:

- Die Ungeborgenheit unseres Glaubens

    Jeder von uns – ob Kind, Jugendlicher oder Erwachsener – braucht ein Zuhause; einen Menschen, einen Ort, eine Umgebung, wo er sich geborgen fühlt. Als gläubiger Mensch brauche ich einen Raum, wo ich meinen Glauben leben kann, eine Umgebung, in der mein Glauben mitgetragen wird, eine Gemeinschaft, die mich in meinem Glauben stärkt. Dieses notwendige Umfeld, diesen wichtigen Boden, erfahren nicht mehr viele als Stütze für ihren Glauben. So müssen wir heute eher von der Ungeborgenheit unseres Glaubens sprechen.

- Glaube ist nicht demonstrierbar

    Im Glauben werden die für uns so wichtigen Grunderfahrungen wie Sehen, Hören und Greifen überschritten. Glauben ist oft eine Entscheidung dafür, daß es außerhalb dieser Bereiche noch eine Wirklichkeit gibt, die Leben erst sinnvoll macht. Das entbindet nicht von der Aufgabe, uns mit den Sinnen an das heranzutasten, was Glaube meint und möglich macht.

- Die Nähe Gottes

    Es mag paradox klingen, daß die Nähe Gottes auch Ursache unserer Glaubenszweifel sein kann. Gott ist uns so nahe gekommen, daß wir ihn töten können. Er hat sich dem Zugriff der Menschen preisgegeben, mit dem möglichen Risiko, daß er darin aufhört, Gott für uns zu sein. Zu schnell haben wir Gott oft ins Spiel gebracht oder – wie ein Etikett – auf etwas „aufgeklebt". So ist uns Gott sprachlich und auch existentiell zunehmend mehr abhanden gekommen.

Den Abschluß dieses Tages kann ein Wortgottesdienst bilden.

Dazu einige Anregungen:

- Glaubensbekenntnis:
  Der Leiter betet den Anfang des Apostolischen Glaubensbekenntnisses (Ich glaube an Gott, den Vater, den Allmächtigen, den Schöpfer des Himmels und der Erde . . .) und lädt alle ein, durch eine freigewählte Formulierung den eigenen Glauben mit zu bekennen. Zum Beispiel: Ich glaube an das Gute im Menschen und daß darin Gottes Reich spürbar wird. Ich glaube an Jesus Christus, der gekommen ist, um uns zu ermutigen und zu heilen.

- „Gegen-Bitten"
  Meistens beten wir für oder um etwas und nur selten gegen. Heute möchten wir in unserem Gebet das zur Sprache bringen, was unserem Glauben entgegensteht. Zum Beispiel: Ich wehre mich gegen die Übersättigung, die mich stumpf macht für vieles, was sinn-voll und lebensnotwendig ist. Ich protestiere gegen den Riegel in mir, der immer dann zugeht, wenn mich jemand braucht.

Liedvorschläge:

1. wo ein mensch
   vertrauen gibt
   nicht nur an sich selber denkt
   fällt ein tropfen von dem regen
   der aus wüsten gärten macht

   wo ein mensch
   den andern sieht
   nicht nur sich und seine welt
   fällt ein tropfen von dem regen
   der aus wüsten gärten macht

   wo ein mensch
   sich selbst verschenkt
   und den alten weg verläßt
   fällt ein tropfen von dem regen
   der aus wüsten gärten macht

2. solange wir noch lieben können
   wollen wir lieben
   da wo niemand liebt

solange wir hoch helfen können
wollen wir helfen
da wo niemand hilft

solange wir noch geben können
wollen wir geben
da wo niemand gibt

solange wir noch hoffen können
wollen wir hoffen
da wo niemand hofft

aus: Ich träum von dir, LP, Lieder für den Gottesdienst. Kontakte Musikverlag Ute Horn, Holtacker-weg 26, 4780 Lippstadt

Am Morgen den Tag prägen

Drei Frühschichten

Es hat sich herumgesprochen, daß ein Tag besser gelingt, eher glückt, wenn ich ihn mit anderen gemeinsam beginne, wenn ich von einer Mitte her zu leben versuche. Ein solches Treffen am Morgen, die sogenannte „Frühschicht", hat bei Jugendlichen wie Erwachsenen an Beliebtheit zugenommen. Nachfolgende Beiträge sind als Anregung oder als Fundgrube für solche Treffen *im kleinen Kreis* gedacht.
Eine *Familie* beginnt einen Tag der Woche gemeinsam und gibt ihm dadurch einen besonderen Akzent. In der Regel finden solche Treffen außerhalb der Familie statt. Einer oder mehrere gehen früher als sonst fort, zurück bleibt ein Rest, möglicherweise auch das Gefühl, gespalten zu sein. Eine weitere Möglichkeit besteht darin, daß ein Kreis von *Freunden* sich gegenseitig einlädt: jeweils reihum an einem Tag in der Woche. Oder ein kleiner Kreis von *Jugendlichen und Erwachsenen* trifft sich – aus eigener Initiative – vor Beginn der Schule/Arbeit im Jugendheim der Pfarrei, in einer kleinen Kapelle . . .

1. DEN TAG ZULASSEN

1. In Ruhe lasse ich den anbrechenden Tag auf mich zukommen. Ich denke an all das, was heute sein wird. Dafür ist eine Leitfrage recht hilfreich. Beispiel: Ich werde heute vielen Menschen begegnen. Auf welche Begegnung freue ich mich? Wem möchte ich lieber nicht begegnen?

2. **Denn es ist Tag**

   Am Morgen rufen die Vögel
   die Ankunft der Schiffe aus.

   Am Mittag spülen die Wellen
   den Staub von den Augen ab.

   Am Abend stechen die Träume
   vom Horizont aus in See.

   Und jeden Tag
   ein andrer Traum.
   Und jeden Tag
   wird der Tag zum Traum.

   Nicht die Sehnsucht nach Leben ist das Leben.
   Nicht die Sehnsucht macht es aus.
   Es liegt kein Ziel voraus auf dem Weg,
   es liegt kein Ziel hinterm Horizont,
   es liegt kein Ziel im Traum vom nächsten Tag,
   es liegt kein Ziel im Traum vom nächsten Traum.

   Der Weg unterm Schritt
   und die Erde unterm Fuß,
   auf die du jetzt trittst,
   das wäre ein Ziel,
   und das Leben,
   das du lebst,
   das wäre ein Ziel,
   nicht das Leben,

das du leben möchtest,
und nicht der Tag,
der einst kommen wird.

Denn es ist Tag.

Thomas Rother, in: Teufelszacken. Texte für Menschen und Christenmenschen, L. Schwann Verlag, Düsseldorf 1971. Rechte beim Autor

Jeder kann in der Gruppe die Eindrücke sagen, wie das Gedicht auf ihn wirkt, was er im Blick auf den heutigen Tag dabei empfindet.

In dem Gedicht werden viele Zielvorstellungen als unrealistisch entlarvt. Ich werde zu konkreten Zielen ermutigt, die heute zu verwirklichen sind. Was könnte so ein konkretes Ziel für mich heute sein? Wer will, kann „sein Ziel" auf das Blatt mit dem Gedicht von Thomas Rother schreiben.

3. Mk 1, 15: „Die Zeit ist erfüllt, das Reich Gottes ist nahegekommen. Kehret um und glaubt an die Heilsbotschaft."

Dieses Wort des Evangelisten Markus wird oft als eine Zumutung empfunden. Zu viele Erfahrungen sprechen dagegen. Gleichzeitig macht es aber Mut, die vielen Lichtblicke zu nützen. Auch wenn dieses Reich oft nur anfanghaft erfahren wird, hat es keinen Sinn mehr, nur zu warten. Wir brauchen mit der Verwirklichung des Reiches Gottes nicht mehr beim Punkt Null zu beginnen.

4. **Gebet**

Oft ertappe ich mich am Morgen dabei,
daß ich nicht wach werden möchte,
daß ich keine Lust habe, anzufangen,
daß ich Angst vor dem neuen Tag verspüre.
Dennoch darf ich auch immer wieder die Erfahrung machen,
daß dein Reich, Herr, angebrochen ist,
daß Jesus immer noch im Kommen ist,
daß es in meinem Leben viele Lichtblicke gibt,
die Signalwirkung haben:

– wenn ich angenommen werde, ohne mich zuvor ändern zu müssen;
– wenn nach Streit, Ärger und Kränkungen in mir wieder Gedanken der Versöhnung laut werden;
– wenn wider Erwarten und ohne mein Zutun etwas sich zum Besten wendet.

Dir gebührt Dank, Herr, für das Geschenk dieses neuen Tages. Ich möchte ihn so annehmen, wie er auf mich zukommt. Er bietet mir ungezählte Möglichkeiten, dir nachzufolgen: indem ich versuche, vorhandene Mauern abzureißen und Brücken aufzubauen; indem ich den Menschen mit den Augen des Herzens zu begegnen versuche; indem ich . . . (hier weitere konkrete Beispiele aus der Gruppe aufnehmen).
Sei du, Herr, in dem, was ich fühle, denke und sage, dann wird dieser Tag gelingen. Amen.

5. Gemeinsames Frühstück

2. BLUMEN IN REICHWEITE ENTDECKEN

1. Der Raum, in dem die Gruppe sich trifft, ist mit einem Strauß frischer Blumen geschmückt. Sie dienen als Einstieg für diesen Morgen-Treff: Die Blumen in der Mitte unseres Kreises sind unübersehbar. Wir freuen uns an ihnen. Nicht immer nehmen wir Blumen so bewußt wahr wie jetzt. Wir gehen im Laufe eines Tages an vielen schönen Dingen vorbei, die uns, würden wir sie wahrnehmen, sicher Freude bereiten könnten. Ich möchte euch einladen, daß wir uns gemeinsam den vor uns liegenden Tag vorstellen und uns dabei fragen:
– Worauf freue ich mich heute?
– Was, meine ich, könnte mir Freude bereiten?
Bei ruhiger Musik kann nun jeder nach „seinen Blumen" Ausschau halten.

2. Die Teilnehmer werden eingeladen, einander mitzuteilen, was ihnen heute vermutlich Freude bereiten wird. Ich lasse die anderen an meiner Freude teilhaben.

3. Kohelet 3, 1–8; Lesen des Textes
Wir fragen uns: Wo finde ich mich – den Tag vor Augen – in diesem Text wieder?
Bei dieser Überlegung ist es hilfreich, wenn der Text noch einmal – mit Pausen dazwischen – vorgetragen wird.
Ganz nahe bei den Blumen liegen auch Steine, gibt es den mühsamen Weg, kann sich ein Abgrund auftun. Diese Stelle aus dem Alten Testament soll Mut machen, das wahr- und anzunehmen, was es neben den „Blumen" auch noch gibt.

4. Gebet aus Afrika

Herr, ich werfe meine Freude
wie Vögel an den Himmel.
Die Nacht ist verflattert,
und ich freue mich am Licht.
Die Sonne hat den Tau weggebrannt
vom Gras und von unseren Herzen.
Was da aus uns kommt, was da in uns ist
an diesem Morgen,
das ist Dank.

Herr, ich bin fröhlich heute am Morgen,
die Vögel jubilieren,
und ich singe auch.
Das All und unsere Herzen
sind offen für deine Gnade.
Ich fühle meinen Körper und danke.
Neuer Atem geht durch mich, ich danke.

Herr, ich freue mich an der Schöpfung
und daß du dahinter bist
und daneben und davor
und darüber und in uns.

Herr, ich werfe meine Freude
wie Vögel an den Himmel.
Ein neuer Tag.
Jeden Tag machst du, Herr . . . danke.

5. Gemeinsames Frühstück

3. ZUHÖREN KÖNNEN – VERSTEHEN ÜBEN – SCHWEIGEN KÖNNEN

Unsere Tage sind in der Regel geprägt durch eine Fülle von Begegnungen, Gesprächen, Wortwechseln, Telefonaten, Fragen und Antworten und – oftmals von Mißverständnissen. Meist stellt sich später heraus, daß Nicht-Verstehen von Nicht-Hören kam. Das Stimmengewirr unserer hektischen Zeit hat dazu geführt, daß oft nur noch ganz laute Töne durchdringen; Feinheiten nehmen wir selten wahr. Entsprechend geräuschvoll begegnen wir selber dieser Kulisse – und decken damit den anderen zu, schneiden ihm das Wort ab, lassen ihn nicht ausreden, reden aneinander vorbei . . .
Sich in der Frühe Zeit nehmen können und sich diesen Mangel und Urheber der meisten Beziehungsstörungen in Ruhe eingestehen können – das birgt die Chance, es an diesem Tag bewußt einmal anders zu versuchen. Anzufangen, das Zu-Hören neu zu lernen.

1. Es bietet sich an, das strapazierte Ohr am Anfang durch *einige Minuten Schweigen* bereitzumachen.

   Einstimmung durch folgenden Text:

   Wir reden
   Wir reden dauernd
   aneinander vorbei

   Wir reden
   Wir reden uns
   immer weiter auseinander

   Vielleicht
   schweigen wir uns
   wieder zusammen

   Lothar Zenetti, aus: Texte der Zuversicht, Verlag J. Pfeiffer, München

2. *Erste Hörübungen* durch leise Musik, die wir mit geschlossenen Augen anhören.
   Dann vielleicht das Fenster öffnen und versuchen, alle Geräusche des anbrechenden Tages wahrzunehmen (das ist natürlich schwierig an einer sehr lauten Straße!).

3. *Partnerübung „aktives Zuhören"*
   Wenn die Zeit ausreicht, könnten sich je zwei Frühschichtteilnehmer zusammensetzen und einander erzählen, was sie vom kommenden Tag erwarten, worauf sie sich freuen, wovor sie sich fürchten . . . Dabei darf der Zuhörende den anderen nur unterbrechen zum Zweck, das Verstandene mit eigenen Worten zu verdeutlichen und es vom Erzähler bestätigen zu

lassen. Das, was man „zwischen den Zeilen" oder aus Gesten, Mimik usw. gehört hat, soll mit berücksichtigt werden.
Austausch darüber, wie es Erzählern und Zuhörern ergangen ist.

4. *Lk 10, 38–42*
Sie zogen weiter, und er kam in ein Dorf. Eine Frau namens Marta nahm ihn freundlich auf. Sie hatte eine Schwester, die Maria hieß. Maria setzte sich dem Herrn zu Füßen und hörte seinen Worten zu. Marta aber war ganz davon in Anspruch genommen, für ihn zu sorgen. Sie kam zu ihm und sagte: Herr, kümmert es dich nicht, daß meine Schwester die ganze Arbeit mir allein überläßt? Sag ihr doch, sie soll mir helfen! Der Herr antwortete: Marta, Marta, du machst dir viele Sorgen und Mühen. Aber nur eines ist notwendig. Maria hat das Bessere gewählt, das soll ihr nicht genommen werden.

Den Bibeltext so stehenlassen und nicht darüber diskutieren.

5. *Gebet*
Herr, wir jammern oft über unsere Sprachlosigkeit dir gegenüber, es fehlt uns an Worten, mit dir zu reden, zu beten.
Vielleicht sollten wir ab und zu einfach nur still werden und lauschen, ob du nicht zu uns sprichst.
Dann wäre Beten nichts anderes als Hören und immer wieder Hören.

6. *Lied: Herr, gib uns Mut zum Hören* (GL 521)

7. Jeder, der über das Zuhören nachdenkt, sollte einen Textabschnitt aus dem Buch „Momo" kennen. Zum Vorlesen während der Frühschicht ist dieser Text wahrscheinlich zu lang, aber man könnte ihn abziehen und den Teilnehmern mitgeben, damit sie ihn sich im Laufe des Tages in einer ruhigen Minute zu Gemüte führen.
Momo, das ist ein wundersames kleines Mädchen mit einer besonderen Gabe:
„Was die kleine Momo konnte wie kein anderer, das war: Zuhören. Das ist doch nichts Besonderes, wird nun vielleicht mancher Leser sagen, zuhören kann doch jeder.
Aber das ist ein Irrtum. Wirklich zuhören können nur ganz wenige Menschen. Und so wie Momo sich aufs Zuhören verstand, war es ganz und gar einmalig. Momo konnte so zuhören, daß dummen Leuten plötzlich sehr gescheite Gedanken kamen. Nicht etwa, weil sie etwas sagte oder fragte, was den anderen auf solche Gedanken brachte, nein, sie saß nur da und hörte einfach zu, mit aller Aufmerksamkeit und aller Anteilnahme. Dabei schaute sie den anderen mit ihren großen, dunklen Augen an, und der Betreffende fühlte, wie in ihm auf einmal Gedanken auftauchten, von denen er nie gedacht hätte, daß sie in ihm steckten.

Sie konnte so zuhören, daß ratlose oder unentschlossene Menschen auf einmal ganz genau wußten, was sie wollten.

Oder daß Schüchterne sich plötzlich frei und mutig fühlten.

Oder daß Unglückliche und Bedrückte zuversichtlich und froh wurden.

Und wenn jemand meinte, sein Leben sei ganz verfehlt und bedeutungslos und er selbst nur irgendeiner unter Millionen, einer, auf den es überhaupt nicht ankommt und der ebenso schnell ersetzt werden kann wie ein kaputter Topf – und er ging hin und erzählte alles der kleinen Momo, dann wurde ihm, noch während er redete, auf geheimnisvolle Weise klar, daß er sich gründlich irrte, daß es ihn, genauso wie er war, unter allen Menschen nur ein einziges Mal gab und daß er deshalb auf seine besondere Weise für die Welt wichtig war. So konnte Momo zuhören!"

aus: Michael Ende, Momo oder Die seltsame Geschichte von den Zeit-Dieben und von dem Kind, das den Menschen die gestohlene Zeit zurückbrachte, K. Thienemanns Verlag, Stuttgart 1973, S. 15 f.

8. Beim gemeinsamen Frühstück könnte versucht werden, das Zuhören ein wenig zu üben.

Johannes Haas

Mein Leben – Gottes Auf-gabe an mich

Drei Frühschichten mit dem heiligen Franz von Sales (1567–1622)

„Auf den Spuren des heiligen Franz von Sales": Unter diesem Leitwort machen sich etwa 20 junge Leute auf den Weg.

Ihr erstes Ziel: der Genfer See, die Landschaft Chablais. Hier hat Franz von Sales als junger Priester gelebt. Früh am Morgen trifft sich die Jugendgruppe in einer alten Kapelle zum Morgengebet.

Hier hat Franz von Sales vor knapp 400 Jahren Messe gefeiert. Er ganz allein – umgeben von Lebensgefahren, inmitten von Menschen, die ihm mißtrauisch begegnen, ihm feindlich gesinnt sind. Sein Wunsch: Ich will den Menschen „nicht mit Waffengewalt, sondern mit den Waffen der Liebe" begegnen.

Auf den Spuren des Heiligen geht es weiter nach Annecy, in eine Stadt bei Genf. Hier hat Franz von Sales 20 Jahre lang als Bischof gewirkt. An seinem Grab feiern die Jugendlichen Gottesdienst. Das Kanon-Lied, das sie singen, geht manchen von ihnen unter die Haut: „Heiliger Franz von Sales, bitt' für uns, daß wir allen alles werden!"

Eine Jugendliche fragt: „Ich möchte es ja gerne, aber wie kann ich es schaffen – allen alles zu werden?" Betroffen von ihrer Frage, fragen sich die Jugendlichen: Wie hat es Franz von Sales geschafft? Aus welcher Kraft-Quelle hat er gelebt?

Wie konnte er den Menschen voll Güte und Geduld, voll Freude und Freundlichkeit, in tagtäglicher Liebe, immer hilfsbereit und jederzeit ansprechbar begegnen? Was ist der springende Punkt, der aus seinem Leben in unser Leben überspringt? Was ist das Geheimnis seines Lebens?

Die drei Frühschichten können diese Fragen zwar nicht umfassend beantworten, aber sie können einige Zugänge zu Franz von Sales vermitteln.

Eine Antwort, die vor allem Jugendliche anspricht, wurzelt in der Jugendzeit des Heiligen.

Mit 19 Jahren – Franz ist Student in Paris – packt ihn eine lebensgefährliche Krise. Franz fühlt sich von Gott verstoßen, endgültig verworfen, verdammt in alle Ewigkeit. Ein einziger Gedanke fesselt ihn: Mein Leben ist völlig sinnlos – ein Leben zum Wegwerfen!

Ausweglos verloren, schleppt sich Franz in eine Kirche. Trotz allem setzt er sein Vertrauen nochmals auf Gott. Trotz allem sagt er zu Gott ein letztes Mal JA. Sein Wille geschehe – trotzdem! Voll Verzweiflung läßt er sich in den dunklen Abgrund fallen. Voll Vertrauen übergibt er sein sinnloses Leben Gott.

Da fällt es wie Schuppen von seinen Augen! Staunend erlebt er, daß er nicht in die Klauen des Todes, sondern in die Hände des Vaters gefallen ist. Gott hat ihn nicht fallenlassen; in Seiner Hand fühlt sich Franz wie neugeboren. Gott hat ihm sein Leben neu geschenkt: als Gabe und als Auf-Gabe. Gottes Gabe wird zu seiner neuen Lebens-Aufgabe. Das ist sein entscheidendes Gottes-Erlebnis. Gott hat ihn unbeschreiblich froh gemacht: Franz wird zum Heiligen der frohen Gottesliebe. Gott ist ihm „alles" geworden. In solcher Gotteserfahrung wird Franz immer mehr „allen alles".

Die drei Frühschichten lassen etwas von dieser frohen Gottesliebe spüren, in der Franz von Sales „allen alles" geworden ist. Jugendliche, die daran teilnehmen, können „auf den Spuren des heiligen Franz von Sales" in den Tag hinein aufbrechen und ihr eigenes Leben als Gottes Gabe und Auf-Gabe entdecken.

Einige Lieder, die Franz von Sales nahebringen können:

Allen alles werden

Franz-von-Sales-Kanon zu zwei Stimmen. M.: Les Presses de Taizé, T.: P. Johannes Haas 1978

Freude öffnet

Kanon für vier Stimmen nach einem Wort des hl. Franz von Sales/M.: P. Johannes Haas 1978

> Ein Heiliger,
> der traurig ist,
> ist ein
> trauriger Heiliger.
> *Franz von Sales*

Ein Mann, von Gott gegeben

1. Ein Mann, von Gott gegeben
   in einer schweren Zeit.
   Er bringt den Menschen Leben,
   er macht die Herzen weit.
   Kehrvers:
   Franz von Sales, deine Liebe führt uns in dieser Zeit den Weg zur Heiligkeit.

2. Ein Licht, von Gott entzündet
   in einer dunklen Welt.
   Es leuchtet, daß man findet,
   was letztlich vor Gott zählt.
   Kehrvers

3. Ein Weizenkorn, gefallen
   aus Gottes Vaterhand.
   Es keimt, damit es allen
   erschließt ein reiches Land.
   Kehrvers

4. Ein Weg, von Gott begonnen
   in einem Labyrinth,
   für Menschen, die versponnen
   in ihre Wege sind.
   Kehrvers

5. Ein Lied, von Gott gesungen,
   ein Lied, von Herz zu Herz,
   hat Traurigkeit bezwungen,
   geöffnet himmelwärts.
   Kehrvers

M.: Ein Haus voll Glorie, GL 639, T.: P. Johannes Haas 1983

Lied von Glaube, Hoffnung und Liebe

1. Herr, der Glaube ist erblindet,
   tut sich schwer, daß er Gott findet,
   sieht in vielem nicht mehr klar.
   Herr, mein Glaube möchte sehen,
   möchte Gottes Welt verstehen:
   Franz von Sales, sei mir nah!

2. Herr, die Hoffnung ist gezügelt,
   kaum etwas, das sie beflügelt,
   viel belastet sie wie Blei.
   Meine Hoffnung möchte träumen,
   möchte nicht das Heil versäumen:
   Franz von Sales, steh' mir bei!

3. Herr, die Liebe ist erkaltet,
   statt Vertrauen wird verwaltet,
   viele haben sich umzäunt.
   Meine Liebe möchte frei sein,
   möchte einem andern Freund sein:
   Franz von Sales, sei mir Freund!

M.: Laßt uns loben, GL 637
T.: P. Johannes Haas 1983

Wo Gottes große Liebe in einen Menschen fällt

1. Ins Was - ser fällt ein Stein ganz heim - lich, still und
   und ist er noch so klein, er zieht doch wei - te

lei - se,___ Wo Got - tes gro - ße Lie - be
Krei - se.___

in ei - nen Men-schen fällt,___ da wirkt sie fort in

Tat und Wort hin - aus in al - le Welt.

2. Am See liegt eine Stadt, von Bergen rings umgeben,
   die heut noch Kunde hat von seinem großen Leben.
   Hier säte Franz von Sales die Saat der Liebe aus;
   was klein begann, wuchs groß heran
   und wirkte weit hinaus.

3. Noch heute wird erzählt, wie er sich allen schenkte,
   wie Gott ihn auserwählt und seine Wege lenkte.
   So lebte Franz von Sales der Liebe ganz allein.
   Wie ihre Kraft das Neue schafft,
   kann er uns Beispiel sein.

4. Nimm Gottes Liebe an und laß sie in dir wirken,
   sie wird dir Sinn und Herz und alle Kräfte stärken.
   Und füllt sie erst dein Leben und setzt sie dich in Brand,
   gehst du hinaus, teilst Liebe aus,
   denn Gott füllt dir die Hand.

T.: P. Bruno Rosenwick OSFS, 1983
M.: „Ins Wasser fällt ein Stein"

1. HAND IN HAND MIT GOTT IN DEN TAG

1. Meine Hand

Einstiege

1.1. Die Teilnehmer an der Frühschicht werden eingeladen, einander mit einem Händedruck zu begrüßen. Vorschlag für ein Plakat an der Eingangstür: „Guten Morgen! Ich lade Dich ein, jeden Anwesenden persönlich mit einem Händedruck zu begrüßen! N. N."

1.2. Jeder betrachtet stillschweigend seine eigenen Hände und sammelt Gedanken, die dabei in ihm aufsteigen.

1.3. Die Teilnehmer erhalten ein Bild, das zwei ineinander gelegte Hände zeigt; sie betrachten es still.

Vorschläge:
- Gerhard Kiefel, Solange du da bist, Gladbeck-Wuppertal-Stuttgart 1975, Titelbild und Bild auf Seite 17;
- Bilder aus anderen Bildbänden oder aus Zeitschriften wie ferment, Pallottiner-Verlag, CH-9202 Gossau;
- ein Dia.

2. Meine Hand in deiner Hand

Der folgende Text, von zwei Jugendlichen vorgelesen, kann die bisher geweckten Eindrücke vertiefen:

Die beiden Hände

(1. Sprecher)

Es sagte einmal die kleine Hand zur großen Hand:

Du große Hand, ich brauche dich,
so wie die Blume emporrankt am Holz,
das ihr Halt gibt.
Ich bedarf deiner Kraft und deiner Erfahrung
mit all den Dingen, die du gestaltest.
Ich möchte lernen von dir,
wie man das Schwächere birgt, hegt und behütet,
den jungen Vogel, der aus dem Nest fiel,
und die Geschöpfe, die uns Menschen anvertraut sind,
wie man den Strauchelnden hält
und dem Geängstigten Mut gibt,
wie man dem Unrecht wehrt
und für das Notwendige einsteht.
Ich bitte dich,
daß ich dir zugewandt sein darf ohne Arg
und daß du nach Zeiten der Arbeit und Mühe
mit mir spielen wirst und dich auftust dem Leben,
das uns gemeinsam geschenkt ist.

(2. Sprecher)

Und es sagte die große Hand zur kleinen Hand:

Du kleine Hand, ich brauche dich,
damit ich nach Hasten und Lasten der Tage
einmal ausruhen kann und gelöst sein und feiern,
hingegeben an Sonne und Wind.
Ich möchte lernen von dir

das so lange vergess'ne Vertrauen:
Einer ist da,
der mich hält und führt und begleitet!
Mit dir möchte ich wieder ein Gebet versuchen,
das sich bittend dem hingibt,
in dessen Treue wir alle geborgen sind, auch die Zweifler.
Ich bitte dich:
Wenn ich verkrampft bin in Zorn und Verzweiflung,
müde und matt von den Niederlagen des Tages,
sei bei mir wie heute,
einfach hingehalten und offen,
daß meine Schatten vertrieben werden vom Licht.
Du kleine Hand,
zeige mir immer wieder das Wunder,
daß wir alle unsagbar geliebt sind.

aus: Gerhard Kiefel, Du (Foto-Text-Bücher 8, S. 10), Johannes Kiefel Verlag, Wuppertal

3. Meine Hand in Gottes Hand

Der heilige Franz von Sales vergleicht den Christen mit einem Kind, das sich an der Hand seines Vaters festhält. Mit der einen Hand an der Vaterhand Gottes, mit der anderen Hand bei der täglichen Arbeit – so erfüllt er seine Arbeit gut und gewissenhaft, ohne Hektik, der Reihe nach: Schritt für Schritt mit Gott.

3.1. Eine Kostprobe aus der „Philothea", dem weltbekannten Buch des hl. Franz von Sales:
Wir arbeiten rasch genug, wenn wir gut arbeiten.
Die Hummeln machen mehr Lärm und gebärden sich geschäftiger als die Bienen, aber sie erzeugen weder Wachs noch Honig. So arbeitet weder viel noch gut, wer sich überhastet. Die Fliegen sind eine Plage nicht wegen ihrer Stärke, sondern wegen ihrer Menge; deswegen verwirren uns große Aufgaben weniger als eine große Zahl kleiner Geschäfte. Nimm sie alle in Ruhe hin, wie sie kommen. Bemühe dich, sie der Reihe nach zu erledigen, eins nach dem anderen. Wolltest du sie alle auf einmal ohne rechte Ordnung bewältigen, dann übernimmst du dich, ermüdest deinen Geist und wirst unter der Last erliegen, ohne etwas erreicht zu haben. Stütze dich in allen Arbeiten völlig auf die Vorsehung Gottes; nur sie gibt deinen Plänen das Gelingen. Trage ruhigen Gemütes deinen Teil dazu bei, und sei überzeugt, wenn du dein ganzes Vertrauen auf Gott gesetzt hast, wirst du den besten Erfolg haben, mag er nun deinem

menschlichen Ermessen gut oder schlecht erscheinen. Mache es wie die kleinen Kinder: Mit der einen Hand halten sie sich am Vater fest, mit der anderen pflücken sie Erdbeeren und Brombeeren am Wegrain. So sammle und gebrauche auch du die irdischen Güter mit der einen Hand, mit der anderen halte dich an der Hand des himmlischen Vaters fest. Schau immer wieder zu ihm auf, ob ihm dein Tun und dein Wandel recht ist. Hüte dich vor allem, seine Hand loszulassen und dich seiner Obhut zu entziehen, in der Meinung, du könntest dann mehr zusammenraffen. Hält er dich nicht mehr, dann wirst du keinen Schritt tun, ohne hinzufallen. Hast du nur gewöhnliche Beschäftigungen, die keine gesammelte Aufmerksamkeit verlangen, dann schau mehr auf Gott als auf deine Arbeit. Hast du aber eine Arbeit, die deine ganze Aufmerksamkeit beansprucht, dann blicke wenigstens von Zeit zu Zeit zu Gott auf, gleich dem Seemann auf offenem Meer; um seine Richtung einzuhalten, schaut er mehr auf den Himmel als auf das Wasser, auf dem er dahinfährt.

So wird Gott mit dir, in dir und für dich arbeiten, und deine Arbeit wird dir Freude bereiten.

Franz von Sales, „Philothea" III, 10

3.2. Zum Umgang mit diesem Text:
– Jeder bekommt ein Textblatt und hat den Text vor Augen.
– Jemand liest den Text langsam vor.
– Fragen zur Besinnung:
  Was spricht mich an? Womit habe ich zunächst Schwierigkeiten?
  Welcher Gedanke des Heiligen spricht mir aus dem Herzen?
  Wie erlebe ich mich in meiner täglichen Arbeit?
  Wie erfülle ich meine Aufgaben: gewissenhaft und gut? Mit oder ohne Gott?
  Wo kommt Gott mitten in meinem Alltag vor?
  Welche Schritte gehe ich heute? Mit wem?
  Welche schritt-weisen Erfahrungen Gottes kann ich heute machen?
  Welche Gefahren warten heute an meinem Weg?
  Wo werde ich versucht sein, Gott aus den Augen zu verlieren, die Hand Gottes loszulassen?
  Worin möchte ich mein Leben allein in die Hand nehmen, es auf eigene Faust leben?
  In welchem Lebensbereich möchte ich mich von Gott emanzipieren, d. h. mich aus der Hand Gottes befreien?
  Lasse ich zu, daß Gott in meinem Leben hand-elt?
  Lebe ich mein Leben aus der Hand Gottes?
  Oder lebe ich an Seiner ausgestreckten Hand vorbei?

– Stille zum Nach-denken
– Einladung zum Gedanken-Austausch

4. Meine Hand in Gottes Hand: Schritte in den Tag

Die Frühschicht endet mit einem Gebet, mit einem Lied und mit dem Frühstück.

4.1. *Gebete,* die ein Kernanliegen des hl. Franz von Sales, „die gute Meinung", aufgreifen und in den Tag hinein begleiten können:

Gott, du mein Vater.
Mein Leben ist dein Geschenk.
Dankbar nehme ich es an.
Jeder Tag ist deine Gabe,
deine Auf-Gabe an mich.
Gerne erfülle ich darin deinen Willen.
Gutes und Schönes darf ich erleben,
auch Schweres kommt auf mich zu.
Alles, was du mir gibst,
gebe ich in deine Vaterhand zurück.
Amen.

Gott, du mein Vater.
Mitten im Leben bete ich zu dir:
> Vom Anfang bis zum Ende
> gehöre ich dir.
> Im Licht und im Dunkel
> gehöre ich dir.
> Freude und Leid
> schenke ich dir.
> Mein tägliches Leben
> übergebe ich dir.
> Dein ewiges Leben
> gibst du mir dafür.
> Amen.

4.2. *Der folgende Kanon* ist aus der Begegnung mit dem Textausschnitt aus der „Philothea" (vgl. 3.1.) entstanden; er eignet sich, den Grundgedanken der Frühschicht zu vertiefen und musikalisch in den Tag hineinzutragen.

Die Liebe hat zwei Arme

Kanon für drei Stimmen nach einem Wort des hl. Franz von Sales (1567–1622) von P. Johannes Haas OSFS, Ried 1981

4.3. *Beim abschließenden Frühstück* kann jeder Teilnehmer selbst „Hand anlegen", seine Liebe mit beiden Armen zeigen, indem er
– das Frühstück zubereitet, den Frühstückstisch deckt;
– die Frühstücksnachbarn aufmerksam bedient;
– das Frühstück nicht selbstverständlich, sondern dankbar aus der Hand Gottes und aus menschlichen Händen entgegennimmt.

2. HERZ-LICH BETEN: RUND UM DIE UHR

1. Vom Aufgang der Sonne bis zu ihrem Niedergang

Einstiege:
– Meditative Musik – damit jeder bei sich, bei der Gruppe, bei Gott ankommen kann.
– Ein bewußtes, gemeinsames Kreuz-Zeichen – als Vor-Zeichen für den beginnenden Tag.
– Ein Morgenlied. Vorschlag:

Vom Aufgang der Sonne

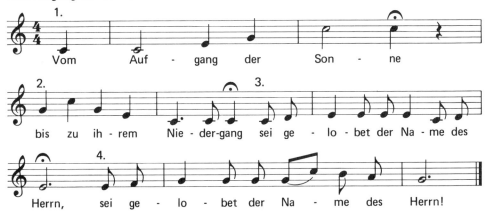

T.: Psalm 113,3. Kanon: Paul Ernst Ruppel. Aus: Paul Ernst Ruppel, Kleine Fische, Möseler Verlag, Wolfenbüttel und Zürich

2. Nimm dir täglich ein paar Minuten Zeit!

Jeder Teilnehmer an der Frühschicht erhält ein Textblatt mit den zehn Gebetsregeln von Theodor Bovet, einem Nervenarzt in Zürich.

Zum Umgang mit dem Textblatt:
- Die Anwesenden lesen die Gebetsregeln abwechselnd im Kreis vor.
- Jeder bringt die Sätze in seine persönliche Reihenfolge; jeder wählt (s)einen Satz aus und teilt ihn der Gruppe mit.
- Auf diese Weise nehmen die Gruppenmitglieder einander in gemeinsamen und in unterschiedlichen Punkten wahr. Jeder zeigt sich in seinem persönlichen Punkt, in seiner Weise zu beten.

Zehn Gebotsregeln

1. Nimm dir täglich ein paar Minuten Zeit, um allein in der Stille zu sein. Entspanne Leib, Verstand und Herz!

2. Sprich mit Gott einfach und natürlich und erzähle ihm alles, was du auf dem Herzen hast. Du brauchst keine Formeln und fremde Redensarten zu benutzen. Sprich zu ihm in deinen eigenen Worten. Er versteht sie.

3. Übe dich im Gespräch mit Gott, wenn du bei deiner alltäglichen Arbeit bist. Mach deine Augen ein paar Sekunden lang zu, wo immer du bist, im Geschäft, im Bus, am Schreibtisch.

4. Berufe dich auf die Tatsache, daß Gott bei dir ist und dir hilft. Du sollst Gott nicht immer bestürmen und um seinen Segen bitten, sondern vielmehr von der Tatsache ausgehen, daß er dich segnen will.

5. Bete in der Überzeugung, daß deine Gebete sofort über Land und Meer hinweg die, die du liebhast, schützen und sie auch mit Gottes Liebe umgeben.

6. Wenn du betest, sollst du positive und nicht negative Gedanken haben.

7. Immer sollst du in deinem Gebet feststellen, daß du bereit bist, Gottes Willen anzunehmen, wie er auch sein mag.

8. Lege beim Beten einfach alles in Gottes Hand. Bitte um Kraft, dein Bestes zu können, und überlasse das übrige vertrauensvoll Gott.

9. Sprich ein Wort der Fürbitte für die, die dich nicht mögen oder dich schlecht behandelt haben. Das wird dir außerordentlich Kraft geben.

10. Täglich sollst du irgendwann einmal ein Gebet für dein Land sprechen und um die Erhaltung des Friedens bitten.

Die einfachste Anweisung lautet:
Rede mit Gott so, als ob er hier im Stuhl vor dir säße, als ob er eben ins Zimmer getreten wäre und sagte: Was willst du, daß ich dir tun soll?

aus: Echternach, Horst / Jentsch, Werner / Jetter, Hartmut / Kießig, Manfred / Reller, Horst: Evangelischer Erwachsenenkatechismus. Gütersloher Verlagshaus Gerd Mohn, Gütersloh, 4. Aufl. 1982

3. Bemühe dich, was du betest, von Herzen zu beten!

So wie wir bei dieser Frühschicht, so haben Jugendliche bei Exerzitien ihre Gebetsregeln ausgewählt. Dann haben sie in der „Philothea" des hl. Franz von Sales ähnliche Gebetsregeln entdeckt. Aus diesem gemeinsamen Entdecken stammt das folgende „12-Punkte-Programm". Die zwölf Punkte erinnern an die zwölf Stunden der Uhr. Wer Gott liebt – so sagt Franz von Sales –, wird nicht nur in bestimmten Stunden, nicht nur beim Morgen- und beim Abendgebet an Gott denken. Seine Gedanken werden ständig, zu jeder Stunde – rund um die Uhr – bei Gott sein.

Anders gesagt: „Liebe rund um die Uhr" will sich in einem „Gebet rund um die Uhr" aussprechen.

3.1. Das Zwölf-Punkte-Programm für herz-liches „Gebet rund um die Uhr"

1. Beginne jedes Gebet damit, dich in Gottes Gegenwart zu versetzen.

2. Bete nicht hastig, um recht viel beten zu können, sondern bemühe dich, was du betest, von Herzen zu beten. Ein Vaterunser, innig gebetet, ist mehr wert als viele, rasch heruntergeleiert.

3. Es ist gut, mündliche Gebete zu beten. Hast du aber die Gabe des innerlichen Gebetes, so soll dieses Gebet den Vorrang haben.

4. Ich empfehle dir vor allem das Gebet des Geistes und des Herzens. Wenn du Jesus oft betrachtest, wirst du von ihm erfüllt. Du lernst seine Art kennen und deine Handlungen nach den seinen formen.

5. Am Morgen: Überlege dir im voraus, welche Gelegenheiten, Gott zu dienen, dir an diesem Tag begegnen werden.

6. Nach dem Gebet: Bleib eine Zeitlang still. Wende dich ganz ruhig vom Gebet zur Arbeit hin und bleibe, solange es dir möglich ist, in der Gebetsstimmung.

7. Du mußt lernen, vom Gebet zu jeder Arbeit überzugehen. Das eine wie das andere ist ja Gottes Wille.

8. Herzensgebet: Erhebe dich oft zu Gott durch kurze, feurige Herzensgebete. Man kann sie in alle Arbeiten und Beschäftigungen einflechten, ohne diesen irgendwie zu schaden.

9. Sprich im Herzen oder mit dem Mund die Gebete aus, die dir im Augenblick die Liebe eingibt. Sie wird dich die richtigen Worte finden lassen.

10. Sooft es dir tagsüber möglich ist, rufe deinen Geist in die Gegenwart Gottes zurück. Du wirst sein Auge auf dir ruhen sehen, das mit unbeschreiblicher Liebe ständig auf dich gerichtet ist. Zieh dich also zuweilen von allen Gedanken zurück in dein Herz, damit du innigste Zwiesprache mit Gott halten kannst. Reiche Gott die Hand, wie ein Kind dem Vater, daß er dich führe.

11. Am Abend: Danke Gott, daß er dich diesen Tag erhalten hat. Prüfe dein Verhalten während des ganzen Tages. Glaubst du, etwas Gutes getan zu haben, so danke Gott. Hast du aber gesündigt, dann bitte um Verzeihung.

12. Wer von Liebe erfaßt ist, hat seine Gedanken fast immer beim Geliebten; sein Herz strömt über von Zärtlichkeit. Ist der Geliebte fern, so versäumt er keine Gelegenheit, seiner Neigung durch Briefe Ausdruck zu geben. Er sieht keinen Baum, ohne in dessen Rinde den Namen des Geliebten zu schneiden. So können auch jene, die Gott lieben, nicht aufhören, an ihn zu denken, für ihn zu atmen, nach ihm zu streben, von ihm zu sprechen. Alles dient ihnen als Anregung dazu.

Franz von Sales, „Philothea" II, 1–13

3.2. Zum Umgang mit dem Textblatt:

– Aus dem Zwölf-Punkte-Programm wählt jeder (s)einen Punkt aus.
– Die Anwesenden teilen einander ihre persönlichen Programm-Punkte mit; sie tauschen sich im Gespräch aus.

4. Ein Vaterunser, herz-lich gebetet . . .

Das Gespräch mündet ins Gebet. Dabei können einzelne Punkte eingeübt werden.

4.1. In Stille ver-setzt sich jeder in die Gegenwart Gottes; er nimmt Gott als Gebetspartner wahr (Punkt 1).
Seine Gedanken gehen mit Gott in den Tag hinein (Punkt 5).

4.2. Die Gruppe betet langsam, bewußt und herz-lich das Vaterunser. Vorschlag: Die Gruppenmitglieder beten das Vaterunser abwechselnd, Satz für Satz (Punkt 2).

4.3. Das Vaterunser ist Tischgebet für das abschließende Frühstück. Dabei kann vor allem Punkt 6 eingeübt werden.

4.4. Zum Übergang von der Frühschicht zur Tagesarbeit eignet sich ein gemeinsames Lied. Vorschlag (vgl. dazu Punkt 4):

Es lebe Jesus!

Es le - be Je - sus in mir, es le - be
Je - sus in mir, es le - be Je - sus,___ Je - sus,___
Je - sus! Je - sus le - be in mir, Je - sus
le - be in mir, Je - sus le - - - - - - be!

nach einem Wort des hl. Franz von Sales und der Melodie eines Jugendliedes von P. Johannes Haas, 1982

3. NUR FÜR HEUTE

1. Mach, daß dieser Tag heute zählt!

Einstiege:

1.1. In der Mitte steht ein Korb mit Zetteln, auf denen Merk-Worte stehen – Worte wie:

Mach, daß dieser Tag heute zählt!
Motto einer Selbsthilfegruppe

Wenn dein Alltag dir arm erscheint,
klage ihn nicht an;
klage dich an, daß du nicht stark genug bist,
seine Reichtümer zu rufen.
Rainer Maria Rilke

Über deinem Alltag kann
der Glanz des Ewigen liegen,
oder er ist
eine Verwesung nach Stundenplan.
Franz Werfel

Dieser Tag ist der erste Tag
vom Rest meines Lebens.
Eine Ordensschwester

1.2. Jeder ist eingeladen, den begonnenen Tag
- in Gedanken zurückzugehen:
  Ich wache auf. Ich stehe auf und wasche mich. Ich ziehe mich an. Ich höre im Radio
  Nachrichten. Ich mache mich auf den Weg. Ich komme bei der Frühschicht an. Ich bin jetzt
  hier.
- in Gedanken vorauszugehen:
  Ich werde nach der Frühschicht . . . Ich werde voraussichtlich . . . begegnen. Ich werde heute
  diese Aufgabe . . . zu erfüllen haben. Ich werde wahrscheinlich in Gefahr sein, zu . . . Ich
  will heute . . .

2. Dieser Tag ist dir gegeben, damit du in ihm auf die Ewigkeit zugehst!

Franz von Sales hat vor 400 Jahren den Menschen seiner Zeit den Rat gegeben, am Morgen
mit der Vorbereitung auf den Tag zu beginnen. In seiner „Philothea" (II, 10) schreibt er:

1. Bete Gott an. Danke ihm für das Geschenk, daß er dich in der vergangenen Nacht am Leben
   erhalten hat. Hast du während der Nacht gesündigt, so bitte ihn um Verzeihung.

2. Denke daran: Dieser Tag ist dir gegeben, damit du in ihm auf die Ewigkeit zugehst. Nimm
   dir fest vor, den Tag in diesem Sinn gut zu er-leben.

3. Überlege im voraus, welche Arbeiten und Gelegenheiten, Gott zu dienen, dir heute
   begegnen werden. Überlege, welche Versuchungen, Gott zu beleidigen, auf dich
   zukommen können.

4. Entschließe dich dazu, in allen Möglichkeiten dieses Tages Gott zu dienen und alles zu
   vermeiden, was mit Gott nicht vereinbar ist.

5. Dein Entschluß allein genügt nicht. Du mußt auch die Mittel vorbereiten, deinen Entschluß
   zu verwirklichen. – Zwei Beispiele: Sehe ich voraus, daß ich heute mit einem zornmütigen
   Menschen zu tun haben werde, dann will ich mir nicht nur vornehmen, alles zu vermeiden,
   was ihn reizen kann, sondern ich werde auch meine Worte vorüberlegen, um ihm
   zuvorzukommen. – Sehe ich voraus, daß ich einen Kranken besuchen werde, so wähle ich
   dafür die geeignete Zeit und überlege, wie ich ihm Freude bereiten kann.

6. Gib zu, daß du deine Entschlüsse nicht aus eigener Kraft durchführen kannst. Du kannst
   allein weder das Schlechte meiden noch das Gute tun. Übergib deshalb deine Vorsätze
   Gott. Bitte ihn um seine Hilfe.

Der Leiter der Frühschicht stellt diese Grundgedanken des hl. Franz von Sales vor und leitet dann zu Papst Johannes XXIII. über.

3. Nur für heute werde ich mich bemühen, den Tag zu erleben

Angelo Roncalli (1881–1963) hat von Kindheit an in Franz von Sales seinen „Lieblingsheiligen" gefunden. Als Theologiestudent in Rom schreibt er am Fest seines Vorbilds, am 29. Januar 1903, in sein Tagebuch: „Heute war ein großer Festtag; ich habe ihn in Gesellschaft des hl. Franz von Sales, meines geliebten Heiligen, verbracht. Wie herrlich ist seine Gestalt als Mann, Priester und Bischof. Wenn ich so sein könnte wie er, würde es mir nichts ausmachen, auch wenn sie mich zum Papst wählen würden."
55 Jahre später, im Oktober 1958, wird Angelo Roncalli tatsächlich zum Papst gewählt. Papst Johannes XXIII. beschenkt die Kirche mit seinem Geist, mit dem Geist des hl. Franz von Sales. Er, der zu sich selbst sagt: „Johannes, nimm dich nicht so wichtig!", begegnet den Menschen mit Demut und Gottvertrauen, mit Güte und Geduld, mit Optimismus und Humor, mit Offenheit und Mut zu Neuem, mit der überraschenden Botschaft eines neuen Konzils, und bei all dem: mit Gelassenheit. Sein „Dekalog der Gelassenheit" zeigt, wie sich Papst Johannes auf jeden neuen Tag eingestimmt hat.

3.1. Papst Johannes XXIII.: Dekalog der Gelassenheit

1. Nur für heute werde ich mich bemühen, den Tag zu erleben, ohne das Problem meines Lebens auf einmal lösen zu wollen.

2. Nur für heute werde ich die größte Sorge für mein Auftreten pflegen: vornehm in meinem Verhalten; ich werde niemand kritisieren, ja ich werde nicht danach streben, die anderen zu korrigieren oder zu verbessern . . . nur mich selbst.

3. Nur für heute werde ich in der Gewißheit glücklich sein, daß ich für das Glück geschaffen bin . . . nicht nur für die andere, sondern auch für diese Welt.

4. Nur für heute werde ich mich an die Umstände anpassen, ohne zu verlangen, daß die Umstände sich an meine Wünsche anpassen.

5. Nur für heute werde ich zehn Minuten meiner Zeit einer guten Lektüre widmen; wie die Nahrung für das Leben des Leibes notwendig ist, ist die gute Lektüre notwendig für das Leben der Seele.

6. Nur für heute werde ich eine gute Tat vollbringen, und ich werde es niemand erzählen.

7. Nur für heute werde ich etwas tun, wozu ich keine Lust habe; sollte ich mich in meinen Gedanken beleidigt fühlen, werde ich dafür sorgen, daß niemand es merkt.

8. Nur für heute werde ich ein genaues Programm aufstellen. Vielleicht halte ich mich nicht genau daran, aber ich werde es aufsetzen. Und ich werde mich vor zwei Übeln hüten: vor der Hetze und der Unentschlossenheit.

9. Nur für heute werde ich fest glauben – selbst wenn die Umstände das Gegenteil zeigen sollten –, daß die gütige Vorsehung Gottes sich um mich kümmert, als gäbe es sonst niemand in der Welt.

10. Nur für heute werde ich keine Angst haben. Ganz besonders werde ich keine Angst haben, mich an allem zu freuen, was schön ist, und an die Güte zu glauben.
Mir ist es gegeben, das Gute während zwölf Stunden zu wirken; es könnte mich entmutigen, zu denken, daß ich es das ganze Leben durchsetzen muß.

3.2. Zum Umgang mit dem Textblatt:
– Der Dekalog wird reihum in der Gruppe vorgelesen.
– In Stille geht jeder die Sätze durch und bringt sie in (s)eine persönliche Reihenfolge. Er numeriert die zehn Sätze, z. B.: Satz Nr. 1 spricht mich am meisten, Satz Nr. 10 am wenigsten an.
– Jeder wählt für heute einen oder mehrere Vor-Sätze aus.
– Gruppengespräch: Die Teilnehmer tauschen sich aus, welche Sätze für sie vorrangig sind und warum sie gerade diese Vor-Sätze gewählt haben.
– Angeregt durch den Dekalog von Papst Johannes XXIII. könnte jeder ein paar persönliche Vor-Sätze entwickeln: Nur für heute werde ich . . .

4. Aufbruch ins Heute

4.1. Der Gesprächsleiter gibt *Anregungen,* wie die Frühschicht-Teilnehmer in den Tag aufbrechen können. Jeder könnte
– aus dem Dekalog einen Satz herausschreiben und den Zettel mit sich herumtragen: in der Schultasche, im Terminkalender, im Führerschein, in seiner Kleidung (sogenannter „Hosenzettel").

- seinen Satz an einer Stelle aufbewahren, wo er regelmäßig vorbeikommt, wo er seinen Vor-Satz vor Augen hat: am Schreibtisch, in der Küche, in einem Buch, das er zur Zeit liest . . .
- bis zur nächsten Frühschicht täglich einen neuen Satz herausgreifen; beim nächsten Treffen mitteilen, wie es ihm dabei ergangen ist . . .
- am Abend sich auf den Tag zurückbesinnen; der Dekalog kann dabei als Rück-Spiegel, als Gewissens-Spiegel dienen.

4.2. Die Frühschicht schließt mit dem *Frühstück*. Die Frühstücks-Zeit sollte heute einmal ganz bewußt erlebt werden. Empfehlung: Schweige-Frühstück mit meditativer Musik.

4.3. Als Lied für den Aufbruch eignet sich der Kanon „Vom Aufgang der Sonne" (vgl. S. 88) oder das Kanon-Lied „Christus Alpha". Dieses Lied drückt aus: Christus ist das Alpha und das Omega von Zeit und Ewigkeit. Er ist der Anfang und das Ende jedes Tages, auch dieses Tages. Wer seinen All-Tag christlich lebt, erlebt Christus als das A und O seines Lebens.

Christus Alpha, Christus Omega

Kanon zu vier Stimmen von P. Johannes Haas, 1982

Johannes Haas

Emm-Aus-Wege zum Frieden

Meditationen für Menschen, die für den Frieden auf die Straße gehen

Ostermontag 1982. Junge Menschen veranstalten einen *Ostermarsch für den Frieden*. Von verschiedenen Orten aus brechen sie auf. Ihr gemeinsames Ziel: ein militärisches Gelände. In der Nähe, auf einem Hügel, treffen sie sich.
Unterwegs und am Hügel: Sehnsucht nach Frieden wird laut. Worte, verschieden gefärbt. Reden aus verschiedenen politischen Ecken. Auch Vertreter der christlichen Kirchen sind eingeladen: ein evangelischer Pastor und ich als katholischer Priester. Am Morgen feiere ich mit der Dorfgemeinde Ostermontagsgottesdienst. Im Evangelium hören wir die Geschichte von den Männern, die nach Emmaus unterwegs sind. Dabei begegnen sie dem Herrn.
Und die jungen Menschen, die zu dieser Stunde durch das Land marschieren? Wem begegnen sie? Wer begleitet sie? Wer hört in ihren Worten ihre Sehnsucht nach Frieden? Wer nimmt ihre Einladung an? Wer öffnet ihnen die Augen? Wer bricht mit ihnen das Brot? Wer – wenn nicht der Herr und die, die von der Auferstehung her leben?
Einige Wochen später. Mit Studenten breche ich zu einer *Wallfahrt für den Frieden* auf. 90 km Fußmarsch zum ehemaligen Konzentrationslager Dachau.
Unterwegs und in Dachau: Gespräche, Gebete, Gottesdienste. Gemeinsam auf der Suche nach Antworten aus dem Glauben. Auf dem Weg nach Dachau geht mir – Schritt für Schritt – *der Weg nach Emmaus* neu auf: *als ein Emm-Aus-Weg zum Frieden*. Auf diesem Hintergrund wuchsen Gedanken, die ich in der folgenden Meditation zusammenstelle. Gedanken für Menschen, die in irgendeiner Weise für den Frieden unterwegs sind.
Gedanken zum Nach- und zum Weiterdenken. Anstöße für ein Schriftgespräch. Anregungen für persönliches Gebet. Bausteine für eine Predigt oder für eine Meditation. Die litaneiartigen Elemente lassen sich kürzen, erweitern, aktuell umformulieren, in eine konkrete Situation hineinsprechen.

Anlässe dafür gibt es genug: ein Friedensmarsch, eine Schweigestunde, eine Friedenswallfahrt, ein Gottesdienst, eine Friedensnacht, ein Friedensfest, Friedenswochen und Friedenstage. Besondere Jahrestage sind:
  1. Januar   Weltfriedenstag
 11. April   Jahrestag der Friedensenzyklika von Papst Johannes XXIII. „Pacem in terris"
               (11. 4. 1963)

6. August   Jahrestag der Atombombenexplosion in Hiroshima (6. 8. 1945) und zugleich Fest
der Verklärung Christi.

Biblischer Hintergrund der Meditation: Lk 24, 13–35.
Die Meditation versetzt die Oster-Geschichte von den zwei Männern, die unterwegs nach
Emmaus dem Auferstandenen begegnen, in den Rahmen der Welt-Geschichte.
Der Weg nach Emmaus wird so zum Weg der Menschen, die heute unterwegs sind: unterwegs
zum Frieden. Der Emmaus-Weg wird zum Emm-Aus-Weg. Emm-Aus-Wege zum Frieden
führen zu Christus, der wahren atomwaffen-freien Zone des Lebens.
Die folgende Übersicht erleichtert den Umgang mit der umfangreichen Meditation und die
Auswahl einzelner Bausteine.

Welt-Geschichte: Fünf vor zwölf
                      Rechts und links: Waffen

Oster-Geschichte: Den Tod im Rücken: den Fremden an der Seite
                      Der Fremde am Tisch: neues Leben vor Augen

Welt-Geschichte: Hilfe-Rufe um Mitter-Nacht: Herr, bleibe bei uns!
                      Fremde am Wege: Freunde am Tisch
                      Christus: atomwaffen-freie Zone des Lebens

Fünf vor zwölf

Ein zwölfjähriger Junge kommt zu seinem älteren Bruder:
in der Hand die Tageszeitung,
in den Augen Angst,
auf den Lippen die bange Frage:
Stimmt es, was hier in der Zeitung steht:
„Die Uhr des atomaren Weltuntergangs zeigt heute
vier Minuten vor zwölf"?
Der jüngere und der ältere Bruder,
das Kind und der Jugendliche:
Beide Brüder sind betroffen.
Sie schweigen.
Ohne Antwort, rat-los stehen sie da.
Zu zweit.

Nicht nur sie, viele spüren heute:
Es bleibt nicht mehr viel Zeit.
Die Uhr der atomaren Vernichtung tickt und tickt.
Es ist – so sagen viele – fünf vor zwölf, vier vor zwölf, kurz vor 0.
Mitter-Nacht.
Zeiten-Wende.
Höchste Zeit umzukehren, bevor die letzte Stunde geschlagen hat:
Zeit zur Umkehr vor dem Untergang.
Höchste Zeit aufzubrechen, von der Stunde Null aus:
Zeit zum Aufbruch – der Morgenröte entgegen.

Rechts und links: Waffen

Die Uhr des atomaren Weltuntergangs tickt und tickt:
zu jeder Stunde, auch jetzt.
Jeder Tag – ein Aufrüstungstag.
Jede Stunde – eine Stunde der Rüstung rund um die Uhr.
Jede Zeit – höchste Zeit, aufzurüsten, vorzurüsten, nachzurüsten, wettzurüsten.
Keine Zeit – abzurüsten.
Rechts und links, links und rechts:
Waffen von A bis Z, ein Waffen-ABC.
In Ost und in West, in Nord und in Süd:
Die Machtblöcke wachsen.
Macht wächst der Ohn-Macht über den Kopf.
Diesseits und jenseits der Grenzen:
grenzenlose Macht, unbegrenzte Atom-Macht.
In allen vier Himmelsrichtungen:
Atom-Raketen starren zum Himmel –
zielgerichtet, abschußbereit, todgeweiht.
Atom-Köpfe wachsen über Menschen-Köpfe.
Atom-Kraft sprengt menschliche Vorstellungskraft.
Computer-Hirne registrieren,
Medien-Hirne informieren,
Menschen-Hirne kapitulieren:
Die Welt – ein Pulverfaß.
(Mehr als 20 000 Megatonnen nukleare Zerstörungskraft!)

Die Erde – ein Waffenlager.
(Viele Milliarden werden pro Jahr für Rüstung ausgegeben!)
Die Dritte Welt – ein Sterbehaus.
(Millionen Menschen sterben pro Jahr den Hungertod!)
Der Dritte Weltkrieg – ein Atom-Krieg?
(In jeder Sekunde Atom-Krieg wiederholt sich der Zweite Weltkrieg!)
Die Menschheit heute – eine Hiroshima-Generation.
(Was 1945 in Hiroshima wirklich war, kann heute 1 600 000 mal möglich werden!)

Über den Kontinenten:
Der Welt-Horizont verfinstert sich.
Die Sonne geht unter.
Die Schatten werden länger: Todesschatten. Angstschatten.
Nachtschattengewächse der Todesangst.
Weltweit: Die Welt wird dunkel.
Es wird Abend – Abend der Welt.
Lichter erlöschen. Nacht bricht herein.
Atomare Todes-Nacht.
In der Welt, in den Menschen,
außen und innen, in dir und in mir:
Der Himmel hat sich verdunkelt.
Die Erde hat sich umnachtet.
Nacht ist es geworden. Kalte, dunkle Nacht. Mitter-Nacht.
Gespenster geistern herum.
Das Gespenst Angst. Das Angst-Gespenst.
Angst vor Atom. Atom-Angst.
Angst vor Atom-Tod. Atomare Todes-Angst.
Das Gespenst Ohn-Macht.
Ohn-Macht vor Atom-Macht.
Atom-Ohn-Macht. Atomare Todes-Ohn-Macht.
Das Gefühl wächst:
In dieser Welt bin ich
rat-los, hilf-los, macht-los, ausweg-los,
aussichts-los verloren:
wie eine Schnecke, die über die Straße kriecht
und jederzeit überrollt werden kann.
Ich – eines Tages zur Schnecke gemacht?

Ich – jederzeit überrollbar?
Ich – ständig in Todesgefahr?
Ich – tod-sicher beschützt?
Ich – ein Fall für den Ernstfall?
Ich – ein Spielball für Strategen?
Ich – eine Zielscheibe von Waffen?
Ich – in einer Welt, die mir über den Kopf gewachsen ist?
Ich – wild-fremden Mächten ohn-mächtig ausgeliefert?
Ich – ein Atom in der Hand von Atom-Mächten?
Ich – in wessen Hand?

Den Tod im Rücken: den Fremden an der Seite

Zwei Menschen,
denen – so wie mir – der Tod über den Kopf gewachsen ist,
machen sich auf den Weg.
Der Tod ist ihnen in den Rücken gefallen.
Der Tod sitzt ihnen in den Knochen.
Den Tod im Rücken, machen sie sich auf den Rück-Weg vor dem Tod.
Mit hängenden Köpfen sind sie unterwegs.
Jesus, an dem sie hingen, hängt am Kreuz.
Jesus, dem sie ihr Herz geschenkt haben, ist tot.
Jesus, dem sie voll Hoffnung nachgefolgt sind, ist begraben.
Mit IHM ist für sie
Welt zusammengestürzt,
Glaube erschüttert,
Liebe gekreuzigt,
Hoffnung begraben,
Licht ausgelöscht,
der Weiter-Weg abgeschnitten.
Nur ein Weg scheint noch offen,
ein einziger Aus-Weg aus dem Tod:
der Rückzug vor dem Tod,
der Rück-Weg in ihr altes Leben,
der Weg zurück nach Emmaus,
zurück in ihre vier Wände,

zurück hinter Mauern, Fenster und Türen,
zurück in ihre kleine Lebens-Welt,
zurück an den vertrauten Tisch,
zurück in ihr alt-gewohntes Leben,
zurück zum Alltags-Leben,
zurück in ihr Alltags-Haus,
in ihr Schnecken-Haus,
dorthin zurück, wo sie zu Hause sind.

Zu Hause.
Eines Tages sind sie von zu Hause aufgebrochen.
Sie haben ihr Zu-hause verlassen,
ihr alt-gewohntes Leben aufgegeben
und mit Jesus aus Nazaret
ein neues Leben begonnen.
Mit IHM haben sie ihr altes Leben mit neuen Augen sehen gelernt.
Mit IHM haben sie die gewohnte Welt mit anderen Augen erlebt.
Mit IHM haben sie mitten in der Welt
von der Welt Gottes geträumt.
Jesu Traum war ihr Traum: eine traum-hafte Welt!
Die Welt als Gottes-Haus, als Gottes Vater-Haus,
als Haus voll Leben, als Ort voll Friede,
als weltweite Gemeinschaft.
In diesem Haus ist jeder zu Haus.
An diesem Ort ist jeder daheim.
In dieser Gemeinschaft hat jeder Platz.
Platz am gleichen Tisch:
Gott, der Vater – die Menschen, seine Familie.
Jesus, sein Sohn – die Menschen, Jesu Schwestern und Brüder.
Jesu traum-hafte Welt:
Gott und Mensch an einem Tisch.
Tisch-Gemeinschaft zwischen Gott und Mensch.
Berührungsfläche zwischen Himmel und Erde.
Jesu welt-hafter Traum
vom Tisch und vom Fest!
Jesu Traum – seiner Jünger Traum.
Bis zu Jesu Tod.

Jesu Tod – seiner Jünger Alp-Traum.
Der Jesus-Traum ist ausgeträumt,
zum Sterben verurteilt,
am Kreuz durch-kreuzt,
im Grab begraben,
tod-sicher aus.
Jesu Tod am Kreuz hat das Leben der Jünger durch-kreuzt.
Durch-kreuzt sind ihre Träume von einer Welt,
in der Menschen beieinander zu Hause sein können.
Durch-kreuzt sind ihre Vorstellungen von einer Welt,
in der Menschen angst-los miteinander umgehen können.
Durch-kreuzt sind ihre Hoffnungen auf eine Welt,
in der Menschen grenzen-los aufeinander zugehen können.
Durch-kreuzt sind ihre Traum-Bilder von einer Welt,
in der Menschen waffen-los einander begegnen können.
Durch-kreuzt sind ihre Wege in eine Welt,
in der Menschen sich wie Brüder und Schwestern
be-hand-eln können.

Zwei Menschen, deren Wege durch-kreuzt sind,
machen sich auf den Weg.
Den Tod im Rücken, den Gekreuzigten vor Augen,
begegnen sie unterwegs
einem Fremden.
ER kreuzt ihren Weg.
ER durch-kreuzt ihren Rück-Weg.
ER stellt ihren Emm-Aus-Weg in den Schatten des Kreuzes.
ER geht ihren Nach-Hause-Weg kreuz und quer mit.
ER geht mit ihnen.
ER geht ihren Fragen nach.
ER geht auf sie ein.
ER hört ihnen zu.
ER hört hinter ihre Worte.
ER hört ihre Trauer heraus.
ER spricht sie an.
ER spricht mit ihnen.
ER spricht ihnen aus dem Herzen.

ER erinnert sie an vergessene Seiten der Heiligen Schrift.
ER wirft in ihre Schatten-Seiten Licht.
ER zeigt ihnen neue Seiten des Lebens.
ER öffnet ihnen die Sinne für neuen Sinn.
ER wendet ihnen neuen Lebens-Sinn zu.
ER wendet ihre trostlose Lage:
die Todes-Seite zur Seite des Lebens.

Zwei Menschen spüren:
Der Fremde, der unseren Weg durch-kreuzt,
ist uns nicht fremd.
Der Fremde ist uns spürbar nahe.
Er fühlt mit uns.
ER spürt unsere Not.
ER kennt unsere Lage.
ER versteht, wie uns zumute ist.
ER weiß, wie rat-los und wie hilf-los wir sind.
ER sieht, wie aussichts-los und wie ziel-los wir herumirren.
ER merkt, wie kraft-los und wie hoffnungs-los wir weitergehen.
ER nimmt wahr, wie farb-los und leb-los,
wie sinn-los und heimat-los wir nach Hause kommen.
ER wird unser Zuhause nicht über-gehen.
ER wird unsere Einladung nicht über-sehen.
ER wird unsere Bitte nicht über-hören:
„Herr, bleibe bei uns, denn es wird Abend.
Der Tag hat sich schon geneigt!" (Lk 24, 29)

Der Fremde am Tisch: neues Leben vor Augen

Der Fremde hört die Bitte hinter ihrer Bitte:
Herr, bleibe bei uns, es wird bald Abend!
Herr, bleibe bei uns, in uns ist es Nacht geworden!
Nacht mitten im Leben: Mitter-Nacht.
Drei nach zwölf.
Drei Tage nach Jesu Tod.
Drei Tage nach Jesu Todesnacht.

Nach drei Tagen Glaubensnacht rufen die Jünger:
Herr, bleibe bei uns!
Es ist in uns Nacht geworden.
Der Fremde hört den Hilfe-Ruf.
ER geht an ihrer Nacht nicht vorbei.
ER geht auf ihre nächtlichen Hilfe-Rufe ein.
ER betritt ihr Haus,
ihr Haus mitten in ihrer Nacht,
das Haus ihrer Mitter-Nacht.

ER setzt sich an ihren Tisch.
ER wird ihr Gast.
ER nimmt ihr Brot und bricht es ent-zwei.
ER durch-bricht das Brot ihres Lebens:
das Brot ihrer Kindheit,
das Brot ihrer Jugendzeit,
das Brot ihrer Zeit bei Jesus,
das Brot ihrer Träume mit Jesus,
das Brot in der Hand Jesu,
das Brot beim Letzten Mahl,
das Brot vor Jesu Tod,
von ihm gebrochen, von IHM verteilt,
hingegeben für alle.
Brot des Lebens.
ER durch-bricht ihr Brot,
und im Brot durch-bricht ER ihre verschleierten Augen,
ihre verweinten Blicke, ihre aussichts-lose Sicht.
Da gehen ihnen die Augen auf,
und sie er-kennen IHN:
Der unser Brot bricht, ist ER, der Herr!
Der unser Brot bricht, durch-bricht den Tod: ER lebt!
Der unser Brot bricht, durch-bricht die Todes-Trauer: Wir leben mit IHM!
Der unser Brot bricht, durch-bricht die Todes-Nacht: ER ist das Licht!
Der unser Brot bricht, durch-bricht die Todes-Kälte:
Brannte uns nicht das Herz, als ER unterwegs mit uns redete?
Wurde uns nicht ganz warm ums Herz,
als ER uns den Sinn des Lebens erschloß?

Mit neuen Augen er-kennen sie im Fremden den Freund.
Mit neuer Herzensfreude be-kennen sie ihren Freunden:
Der Tote lebt! Und wir mit IHM!
Der Tot-Geglaubte.
Der Tot-Beweinte.
Der Tot-Begrabene.
ER lebt! Und wir mit IHM!
Mit IHM lebt neu auf, was mit IHM gestorben ist.
Mit IHM steht neu auf, was mit IHM begraben ist.
Mit IHM wird Totes lebendig:
Hoffnungen – einst auf IHN gesetzt, dann bitter enttäuscht –
ER entfacht sie neu!
Glaube – einst in IHM verwurzelt, dann tief erschüttert –
ER belebt ihn neu!
Liebe – einst IHM anvertraut, dann schmerzlich gekreuzigt –
ER weckt sie neu!
Lebenswege – einst mit IHM begonnen, dann scheinbar ausweg-los –
ER eröffnet sie neu!
ER geht neue Lebenswege voran: Wege voll Leben!
Emm-Aus-Wege zum Leben.

Hilfe-Rufe um Mitter-Nacht: Herr, bleibe bei uns!

Der Weg nach Emmaus führt quer durch die Zeit,
quer durch die Welt, quer über Wege der Menschen.
Der Weg nach Emmaus durch-quert meinen Weg,
den Weg jedes Menschen, der – so wie die beiden Männer –
auf seinem persönlichen Emm-Aus-Weg unterwegs ist.
Zu Fuß.
Auf einem Friedensmarsch.
Auf einer Friedenswallfahrt.
Auf einem Friedenspilgerweg.
Auf einem Aus-Weg zum Frieden.
Mit hängendem Kopf.
Mit Enttäuschung in der Brust.
Mit Sehnsucht im Herzen.

Mit brennenden Anliegen:
Brennt mir nicht das Herz, wenn ich mich nach Frieden sehne?
Brennt in mir nicht eine Leidenschaft, wenn ich mich für Frieden einsetze?
Brennt in mir nicht wachsende Ungeduld, wenn ich sehe, wie fern der Friede rückt?
Der Weg nach Emmaus durch-quert die Welt,
so wie sie heute ist: die Waffen-Welt von A bis Z.
Das Waffen-ABC.
Rechts und links am Emmausweg: Atom-Waffen türmen sich auf.
Auf beiden Seiten des Weges: Atom-Mächte beherrschen die Welt.
Mächte, die sich tod-fremd gegenüber stehen.
Mächte, einander tod-feindlich gesinnt.
Ohn-Mächte, denen die Atom-Macht über den Kopf gewachsen ist.
Ohn-Mächte, denen der Atom-Tod ins Gesicht geschrieben ist.

Der Weg nach Emmaus durch-quert meinen Weg.
Hinter mir am Weg: Zwei Weltkriege,
                        mehr als hundert andere Kriege.
Vor mir am Weg: Ein Dritter Weltkrieg? Ein Atomkrieg?
                        Mein Atom-Tod?
Über mir am Weg: Die Atom-Waffen-Welt wächst mir über den Kopf.
In mir am Weg: Wachsende Angst wächst mir ins Herz.
Auf meinen Lippen bange Fragen:
Wie spät ist es in der Nacht?
Welche Welt-Stunde hat es geschlagen?
Ist es wirklich bereits fünf vor zwölf?
Kurz vor Mitter-Nacht?
Kurz vor Null?
Kurz vor dem Aus?
Kurz vor Emm-Aus?
Kurz bevor die beiden Männer rufen:
Herr, bleibe bei uns?
Bleibe bei uns – in unserem Aus!
Bleibe bei uns – in Emm-Aus!

Kurz vor Emm-Aus
rufe auch ich – so wie sie –,
rufen viele – so wie sie –,

rufen viele in der Nacht:
Herr der Welt, bleibe bei uns!
Weltweit ist es Nacht geworden.
Herr der Geschichte, bleibe bei uns!
Rundherum sehen wir finster.
Herr der Welt-Geschichte, bleibe bei uns!
Wir haben den Aus-Weg aus den Augen verloren.
Den Aus-Weg aus der Nacht.
Den Aus-Weg aus dem gespensterhaften Dunkel.
Den Aus-Weg aus den Todes-Schatten.
Den Aus-Weg aus den Atomkriegs-Schatten.
Den Aus-Weg aus den Atomkriegs-Angst-Schatten.
Den Aus-Weg aus der Hilflosigkeit.
Den Aus-Weg aus der Orientierungslosigkeit.
Den Aus-Weg aus der Ausweglosigkeit.
Den Aus-Weg aus den atomaren Sackgassen.
Den Aus-Weg auf dem Ausweg-Weg,
auf dem Emm-Aus-Weg.

Herr, bleibe bei uns –
in unserer Sehnsucht nach Frieden!
Herr, bleibe bei uns –
in unserer Leidenschaft für Frieden!
Herr, bleibe bei uns –
in unserem brennenden Wunsch nach Frieden!
Herr, bleibe bei uns –
in unserem verzweifelten Engagement für Frieden!
Herr, bleibe bei uns –
dort, wo wir erste Schritte zum Frieden hingehen!
Herr, bleibe bei uns –
dort, wo wir redlich bemüht sind, fried-voll zu leben!
Herr, bleibe bei uns –
dort, wo wir aufrichtig versuchen, Konflikte fried-lich zu lösen!
Herr, bleibe bei uns –
dort, wo wir uns versöhnungs-bereit an einen Tisch setzen!
Herr, bleibe bei uns –
dort, wo wir in unserer Reichweite mit dem Abrüsten beginnen!

Herr, bleibe bei uns –
dort, wo wir in unseren Möglichkeiten dem Frieden dienen!
Herr, bleibe bei uns –
dort, wo wir an unserer eigenen, kleinen Friedens-Welt bauen!
Bleibe bei uns, Herr –
in unserer bescheidenen Friedens-Welt,
auf jeder noch so kleinen Insel voll Friede,
in jedem noch so armen Zelt voll Friede,
in jeder noch so einfachen Hütte voll Friede,
in jedem Haus, wo Friede wohnt,
überall, wo Friede ein Zu-hause findet.
Herr, bleibe in unserem Friedens-Haus!
Bleibe in unserem Frieden zu Haus!

Fremde am Wege: Freunde am Tisch

Der Weg nach Emmaus führt in ein Haus,
an einen Tisch:
an den Tisch von Menschen, die einen Fremden bitten:
Herr, bleibe bei uns!
An den Tisch von Menschen, die einen Fremden zu sich einladen.
An den Tisch von Menschen, die mit einem Fremden ihr Zuhause teilen.
Der Weg nach Emmaus führt heute in jenes Haus,
in dem sich viele Menschen zu Hause fühlen:
in das Friedens-Haus,
in das Friedens-Sehnsuchts-Haus,
in das Friedens-Engagement-Haus,
in das Friedens-Bewegungs-Haus.
Hier versammeln sich Menschen, die einander noch fremd sind.
Der gemeinsame Wunsch nach Frieden verbindet sie.
Hier treffen sich Menschen, die auf verschiedenen Wegen kommen.
Das gleiche Verlangen nach Frieden führt sie zusammen.
Hier setzen sich Menschen an einen Tisch,
die an getrennten Tischen aufgewachsen sind.
Der gemeinsame Hunger nach Frieden eint sie.
Hier – in diesem Haus, an diesem Tisch –,

hier beginnt Friede.
Hier, wo zwei Menschen sich an einen Tisch setzen,
wo sie sich sehen und verstehen, sich hören und wahrnehmen,
sich treffen und austauschen, sich berühren und betasten,
sich begegnen und umarmen . . .:
da gehen ihnen die Augen auf füreinander,
und sie erleben sich – mitten in Auferstehung!

Friede beginnt,
wo zwei Menschen miteinander reinen Tisch machen,
wo sie sich entschuldigen und verzeihen,
sich neu annehmen und aufnehmen,
sich neu tragen und vertragen,
sich neu trauen und vertrauen,
sich zu zweit neu auf den Weg machen . . .:
da wird ihnen unterwegs warm ums Herz,
und sie erleben sich – im Licht der Auferstehung!

Friede beginnt,
wo zwei Gruppen an einem Tisch Platz nehmen:
Sie tauschen sich aus, sie verständigen sich.
Vorurteile bauen sie ab, Mißverständnisse begraben sie.
Neues Vertrauen wächst. Neue Gemeinschaft entsteht.
Gemeinsam erleben sie – einen Prozeß von Auferstehung!

Friede beginnt,
wo zwei Machtblöcke sich an einen Verhandlungs-Tisch setzen.
Zwei Staaten, zwei Super-Mächte , zwei Atom-Mächte.
Vorsichtig kommen sie in ein erstes Gespräch:
Ein Abrüstungsgespräch kommt in Gang.
Mühsam gehen sie in Verhandlungen:
Abrüstungsverhandlungen, Rüstungskontrollverhandlungen,
Verhandlungsrunden gehen los.
Zäh arbeiten sie an einem Vertrag:
Ein Abrüstungspapier, ein Atomsperrvertrag entsteht.

Glaubende entdecken darin – Spuren von Auferstehung!

Christus: atomwaffen-freie Zone des Lebens

Friede beginnt,
wo zwei Menschen, zwei Gruppen, zwei Mächte um fremde Hilfe bitten.
Friede beginnt,
wo zwei einen Fremden bitten und der Fremde ihr zwei-faches Bitten er-hört:
ihre gemeinsamen Bitt-Rufe um fünf vor zwölf.
Ihre ver-zwei-felten Hilfe-Rufe vor Mitter-Nacht.
Ihre be-weg-ten Gebets-Rufe vor Emm-Aus.
Ihre be-weg-ende Einladung in ihr Haus:
Herr, bleibe bei uns!
Denn:
Schritt für Schritt rüsten wir ab, was uns bedroht!
Herr, bleibe bei uns!
Schritt für Schritt legen wir ab, was uns bewaffnet.
Herr, bleibe bei uns!
Schritt für Schritt bauen wir ab, was uns voneinander trennt.
Herr, bleibe bei uns!
Schritt für Schritt bauen wir auf, was uns wieder verbinden kann.
Herr, bleibe bei uns!
Schritt für Schritt wagen wir gemeinsame Schritte zum Frieden.
Herr, bleibe bei uns!
Schritt für Schritt lernen wir, nebeneinander zu gehen.
Herr, bleibe bei uns!
Schritt für Schritt machen wir gemeinsame Gehversuche.
Herr, bleibe bei uns!
Schritt für Schritt gehen wir miteinander und aufeinander zu.
Herr, bleibe bei uns!
Schritt für Schritt kommen wir uns näher.
Herr, bleibe bei uns!

Aus unseren Gehversuchen entsteht ein gemeinsamer Weg:
ein Emm-Aus-Weg zum Frieden!
Aus unseren Annäherungsversuchen baut sich neues Vertrauen auf:
„Frieden ist möglich!"
Aus unseren Berührungsflächen wächst eine neue Beziehung:
ein neuentdecktes Zusammen-Leben!

Rund um den gemeinsamen Tisch entsteht ein neues Zu-hause:
Neuland der Menschheit.
Emmaus heute: Ort neuen Lebens.
Ort der Auferstehung aus den Todes-Kammern.
Ort der Auferstehung aus den Waffen-Lagern.
Ort der Auferstehung aus dem Waffen-ABC.
Ort der Auferstehung aus dem Rüstungswahn.
Ort der Auferstehung aus der Atomkriegs-Gefahr.
Ort der Auferstehung aus der Atomkriegs-Angst.
Ort der Auferstehung aus den atomaren Sackgassen.
Ort neuen Lebens. Ort neuer Sprache.
Ort, an dem eine neue Sprache aufersteht,
ein neuer Lobpreis der Lippen:

Herr, Du bleibst bei uns!
DU bist der Auferstandene, die Auferstehung, das Leben.
DU bist die Auferstehung im Atom-Zeitalter.
DU bist die Auferstehung in unserer Welt:
Auferstehung aus Atom-Waffen-Welt.
DU bist das A und O trotz Waffen-ABC.
DU bist die Auferstehung
zwischen Ost und West und Nord und Süd.
DU bist die Auferstehung
von rechts nach links und von links nach rechts.
DU bist die Auferstehung um fünf vor zwölf.
DU, die Auferstehung um Mitter-Nacht.
DU, die Auferstehung zum Neuen Tag.
DU, die Auferstehung zum Morgen der Menschheit.
DU, die Morgenröte am Welt-Horizont.
DU, der neue Morgen voll Leben.
DU, die Morgenröte des Friedens.
DU, der Emm-Aus-Weg zum Frieden.
DU, der einzig wahre Weg zum Frieden.
DU, der wahre Weg zum Leben.
Christus, Du allein
bist die wahre atom-waffen-freie Zone des Lebens!
Amen.

Friede ist mehr – Christen suchen einen Weg

Ökumenischer Friedenskreuzweg

Dieser Friedenskreuzweg fand im Rahmen einer ökumenischen Friedenswoche statt unter dem Leitmotiv: Friede ist mehr – Christen suchen einen Weg. In beiden christlichen Gemeinden waren sieben Tage lang Veranstaltungen angeboten, die den Frieden als ständige Aufgabe bewußt und erlebbar machen sollten. Höhepunkt für die Jugendlichen war gegen Ende der Woche die Errichtung eines Friedenskreuzes als Abschluß eines Fackelzuges durch die Nacht. Vorangegangen war ein Nachmittag voll von Aktionen (Filme, Spiele, Texte, Diskussionen), so daß für den Kreuzweg bewußt nur noch meditative und kontemplative Elemente verwendet wurden.

Materialien:
Fackeln (werden vor Beginn verteilt)
Bleistift und Zettel (liegen in den Kirchenbänken auf)
Lied- und Textblätter
kleine Kerzen oder Grablichter
Reißnägel oder Tesafilm
Im hier beschriebenen Fall war das Kreuz ein ca. 3 m langes einfaches Holzkreuz, das einige junge Leute selber gezimmert hatten. An dem Ort, an dem es aufgestellt werden sollte, war eine entsprechende Vorrichtung fachgerecht vorbereitet worden.

1. Die Leute haben sich in einer der beiden Kirchen (kath. oder ev.) versammelt. Der Raum ist nur schwach erleuchtet. An den Altar gelehnt liegt das Kreuz da, eine dunkle Silhoutte. Keine Kerzen, keine Musik, sondern einige Minuten Schweigen und Düsternis.

2. **Begrüßung**

Die etwas beklemmende Stimmung soll aufgehoben werden, indem im Altarraum einige große Kerzen entzündet werden. Gleichzeitig sollten die einführenden Worte die vorangegangene Erfahrung deuten:

Oft sieht es in unserem Leben genauso düster aus, obwohl wir eigentlich an die Gegenwart unseres Herrn Jesus Christus glauben. Aber sichtbar sind dann nur die bedrohlichen Umrisse des Kreuzes, nicht das Licht, das von ihm ausgeht. Ins Leben übersetzt: Leid, Unfriede und Angst schnüren uns oft den Atem ab und rauben uns alle Zuversicht, daß hinter jeder Trostlosigkeit dieser Welt letztlich die Ostererfahrung sich Bahn brechen wird.

Bedrohung und gleichzeitig Trost und Hoffnung aus dem Kreuz – dieser Zwiespalt muß erst einmal zugelassen und in sich aufgenommen werden. Das Verharren beim Kreuz, das Gehen mit dem Kreuz, kann uns mehr als theologische oder intellektuelle Exkursionen helfen, dem Geheimnis näherzukommen.

3. Lied: Wenn uns das Leben

2. Wenn uns die Hilfe zu Helfern macht,
   sind wir wie Meister der Liebe,
   sind wir das Salz, das Salz für die Welt,
   und der Reichtum wird allen gehören.

3. Wenn uns der Frieden zu Freunden macht,
   sind wir wie Lieder von morgen,
   sind wir Musik, Musik für die Welt,
   und kein Streit wird die Erde zerstören.

T.: Eckart Bücken, M.: Oskar Gottlieb Blarr, aus: „Wir singen vor Freude". Rechte bei den Autoren

4. Gebet

Wir beten abwechselnd:

A   Herr, ich wünsche mir Frieden, für mich und alle anderen Menschen.

B   Ich kann nicht entscheiden, welcher Weg der richtige zum Frieden ist.

A   Einige sagen: „Nur mit Waffen und Rüstung kann man den Frieden erhalten."

B   Andere sagen: „Die Menschen sollten einfach nur zusammenleben. Ohne großartige Technik – alternativ."

A   Wieder andere fordern: „Keine Unterschiede zwischen den Völkern, Rassen und Religionen!"

B   Alle reden vom Frieden, kaum einer versucht ihn zu leben.

A   Herr, hilf mir: Ich weiß nicht, welcher Weg der richtige zum Frieden ist.

Alle: Herr, mach mich zu einem Werkzeug deines Friedens,
daß ich Liebe übe, wo man sich haßt,
daß ich verzeihe, wo man sich beleidigt,
daß ich verbinde, wo Streit ist,
daß ich Hoffnung erwecke, wo Verzweiflung quält,
daß ich ein Licht anzünde, wo Finsternis regiert,
daß ich Freude bringe, wo Kummer wohnt.

Herr, laß du mich trachten,
nicht daß ich getröstet werde, sondern daß ich tröste,
nicht daß ich verstanden werde, sondern daß ich verstehe,
nicht daß ich geliebt werde, sondern daß ich liebe.
Denn wer sich hingibt, der empfängt,
wer sich nicht selbst sucht, der findet,
wer verzeiht, dem wird verziehen,
und wer stirbt, der erwacht zum ewigen Leben.
Amen.

nach Franz von Assisi, Frankreich 1913; vgl. Gotteslob 29, 6

5. Persönliche Besinnung

Je mehr Gedanken man sich über den Frieden macht, desto sicherer kommt man bei sich selber an, beim Einklang mit sich selber, beim Umgang mit den anderen. Unfrieden erfahren wir täglich in unserem allernächsten Umkreis, und wir sehen uns immer wieder ausgeliefert, auch unseren eigenen Ungerechtigkeiten und Kleinigkeiten. Das macht unruhig und ängstlich, und es ist gut, darüber zu reden oder es auch nur einander mitzuteilen; dann bleibt keiner allein mit seinen Problemen.

Es ist auch gut, solche Dinge einmal schriftlich zu formulieren, weil einem dadurch manches erst so richtig klar wird.

Die Jugendlichen werden aufgefordert, ihre Klagen und Fragen oder auch Bitten auf einen Zettel zu schreiben. Wichtig ist hier genügend Zeit (ca. 10 Minuten), evtl. leise Musik.

Wer möchte, daß sein Beitrag später vorgelesen wird, heftet den Zettel mit der Schrift nach oben an das Kreuz. Wer ihn lieber für sich behält, soll den Zettel umgedreht festmachen.

Die eigenen Probleme nicht allein tragen müssen, sondern ans Kreuz heften können – das ist der tiefere Sinn der „Zettelaktion". Es soll erlebbar werden, daß wir nicht alleine unsere Sorgen und Nöte haben – die vielen Zettel am Kreuz sind Zeugnis! Und was noch wichtiger ist: Wir sind letztlich nicht allein damit, denn unser Herr trägt uns mit unserem ganzen Ballast ans Ziel.

6. Lied: Aus der Tiefe rufe ich zu dir

1. Aus der Tie-fe ru-fe ich zu dir: Herr, hö-re mei-ne Kla-gen, aus der Tie-fe ru-fe ich zu dir: Herr, hö-re mei-ne Fra-gen._

2. Aus der Tiefe rufe ich zu dir:
Herr, öffne deine Ohren.
Aus der Tiefe rufe ich zu dir:
Ich bin hier ganz verloren.

3. Aus der Tiefe rufe ich zu dir:
Herr, achte auf mein Flehen.
Aus der Tiefe rufe ich zu dir:
Ich will nicht untergehen.

4. Aus der Tiefe rufe ich zu dir:
Nur dir will ich vertrauen.
Aus der Tiefe rufe ich zu dir:
Auf dein Wort will ich bauen.

T.: Uwe Seidel, M.: Oskar Gottlieb Blarr, aus: tvd 8104, „Wenn der Stacheldraht blüht". Rechte: tvd-Verlag Düsseldorf

7. Schweigemarsch

Das Kreuz wird vorangetragen, wobei sich die Jugendlichen abwechseln sollen. Alle Teilnehmer zünden ihre Fackeln an und ziehen möglichst still zur anderen Kirche.
Nicht vergessen: dort Wassereimer bereitstellen zum Löschen der Fackeln!
In der Kirche legen die Träger das Kreuz ganz gerade der Länge nach auf die Altarstufen.

8. Lied: Hevenu schalom alechem – wir bringen euch Frieden (W 142)

9. Fragen – Klagen – Bitten

Es werden nun all die Zettel laut vorgelesen, die dafür bestimmt worden sind. Nach jedem Text wird gesungen:

T.: Liturgie, M.: P. Janssens, aus: Ein Halleluja für dich, 1973
Rechte im Peter Janssens Musik Verlag, 4404 Telgte

Zum Zeichen der Hoffnung wird gleichzeitig zu jeder vorgelesenen Frage, Bitte oder Klage jeweils eine kleine Kerze angezündet und entlang den Umrissen des Kreuzes auf die Altarstufen gestellt. Wenn nötig, sollen am Schluß fehlende Lichter ergänzt werden, damit das Kreuz ganz von Kerzen eingerahmt ist. Beim Auszug bleibt dann ein Lichterkreuz zurück (Vorsicht beim Wegnehmen des Holzkreuzes!).

10. Schweigemarsch

Alle gehen nun hinter dem Kreuz zu dem Platz, an dem es aufgestellt werden soll.

11. Errichtung des Kreuzes

Alle Teilnehmer reichen einander die Hände und bilden so eine Gebetskette. Gemeinsam wird das Vaterunser gebetet.

12. Lied: Herr, gib uns deinen Frieden; Kanon

T.: W. Poeplau, M.: L. Edelkötter, erschienen auf der LP IMP 1004 „Ein Mann aus Assisi"
Rechte: Impulse-Musikverlag, Drensteinfurt

13. **Segensgebet**

Der Herr segne uns und behüte uns.
Der Herr zeige uns sein Angesicht
und erbarme sich unser.

Er wende uns sein Angesicht zu
und schenke uns Frieden.

Literaturempfehlungen zum Thema „Frieden":

- Franz Alt, Frieden ist möglich. Serie Piper Bd. 284, München 1983
- Deutsches Pax-Christi-Sekretariat (Hrsg.), Den Frieden feiern. Elemente für den Gottesdienst, zusammengestellt von Klemens Richter. Zu beziehen: Deutsches Pax-Christi-Sekretariat, Windmühlstr. 2, 6000 Frankfurt a. M.
- Manfred Hättich, Weltfrieden durch Friedfertigkeit? G. Olzog Verlag, München 1983
- Peter Musall (Hrsg.), Ich will dir vom Frieden erzählen, Burckardthaus-Verlag, Gelnhausen/Christophorus-Verlag, Freiburg 1982
- Georg Pape (Hrsg.), Den Frieden erklären. Mit Kindern den Frieden lernen und erfahren, Burckhardthaus-Verlag, Gelnhausen/Christophorus-Verlag, Freiburg 1981 (erschienen in der Reihe 8–13)
- Leo Zirker, Die Bergpredigt. Das Wort Gottes neu hören, Don Bosco Verlag, München 1983

Thomas Echtler

Einander trauen und vertrauen

Elemente für einen Einkehrtag mit Jugendlichen

Vorbemerkung

Unsere deutschen Worte Vertrauen und Treue gehören der sprachlichen Herkunft nach zur gleichen Wortfamilie. Sie haben beide ihren Ursprung in dem indogermanischen Wort „deru" = Eiche, Baum. Das Adjektiv treu bedeutet demnach etymologisch soviel wie „stark, fest wie ein Baum". Seine begleitenden Untertöne sind: jemandem trauen, festhalten am Abgemachten, stark glauben.

Fragt man Jugendliche, was ihnen für ihr Leben wichtig ist, dann nennen sie sehr oft den Wunsch nach treuen (= baumstarken) Beziehungen, gerade weil sie ihre Umgebung in Familie, Schule und Beruf häufig als beziehungsfeindlich erleben. Dieser Sehnsucht nach festen Bindungen steht die Erfahrung immer mehr gescheiterter Beziehungen entgegen, die die Angst vor dauerhafter Treue bei jungen Menschen eher vergrößert als mindert.

Zielsetzung

Der Einkehrtag zum Thema Vertrauen soll Jugendlichen die Möglichkeit geben, über folgende Fragen nachzudenken:
– Wer bin ich? – bin ich wer? (meine Identität)
– Wem kann ich vertrauen? (meine Beziehungen)
– Wo gehöre ich hin? (meine Heimat)
Diese Fragen werden in folgenden Themenschwerpunkten behandelt:
– Vertrauen und Mißtrauen in meinem Leben
– Was traue ich mir zu?
– Vertrauen in Freundschaft und Partnerschaft
– Dem Leben trauen – auf Gott vertrauen

Hinweise für den Leiter

Der Einkehrtag ist so angelegt, daß er Jugendliche zum Erfahrungsaustausch und Gespräch anregen soll. Dieses Ziel kann allerdings nur erreicht werden, wenn die Teilnehmerzahl auf etwa 30 Personen begrenzt ist. Bei größeren Gruppen müßten einige zeitraubende Übungen weglassen und mehr referierende Elemente verwendet werden.

Die Rolle des Leiters bei diesem Konzept ist vergleichbar mit der eines Lotsen, der die Jugendlichen ein Stück auf ihrem Weg begleitet. Ein Lotse ist nicht während der ganzen Schiffsreise an Bord. Er wird auf das Schiff geholt, wenn es gilt, eine unbekannte und als risikoreich beschriebene Fahrtstrecke zu meistern. Der Lotse gilt deshalb als Autorität, weil er den Weg, den er andere führt, gut kennt und schon oft hinter sich gebracht hat.

Zum Schluß sei noch gesagt, daß die vier folgenden Einheiten als Bausteine zu verstehen sind und nicht als fertiges Haus. Es bleibt für den Leiter die wichtige Aufgabe, passende Elemente auszuwählen und so aufeinanderzufügen, daß langsam ein Bauwerk entsteht.

1. Einheit: Vertrauen und Mißtrauen in meinem Leben

Ziel: Bewußtmachen eigener Erfahrungen von Vertrauen und Mißtrauen
Dauer: etwa eine Stunde

1. Schritt: Jeder überlegt für sich folgende Fragen:
– Wo erfahre ich in meinem Leben Vertrauen?
– Wo erlebe ich Mißtrauen?

2. Schritt: Die Teilnehmer tauschen sich in kleinen Gruppen über ihre Erfahrungen aus und halten die am meisten genannten Situationen mit einem Filzschreiber auf Plakatkarton fest.

3. Schritt: Anhand der Plakate werden die Gruppenerfahrungen ins Plenum eingebracht und besprochen.
Der Leiter kann die Ergebnisse dadurch systematisieren, daß er sie einzelnen Lebensfeldern zuordnet, z. B. Freundschaft, Familie, Schule und Beruf. Danach sollte noch miteinander überlegt werden, wodurch in den einzelnen Lebensfeldern Mißtrauen entsteht und wie es abgebaut werden kann.

2. Einheit: Was traue ich mir zu?

Variante A: Meine Stärken und meine Schwächen

Ziel: Die Jugendlichen sollen ihre eigenen Fähigkeiten und Talente wahrnehmen und sich darüber mit anderen austauschen.
Dauer: etwa eineinhalb Stunden

1. Schritt: Jeder Jugendliche erhält den Auftrag, einen persönlichen Steckbrief zu verfassen, der über eigene Stärken und Schwächen Auskunft gibt. Teilnehmer, die lieber zeichnen oder malen, können auch einen kreativen Steckbrief erstellen.

2. Schritt: Anschließend tauschen sich jeweils zwei Jugendliche über ihre Steckbriefe aus und hängen sie an einer vorbereiteten Wäscheleine mit Klammern auf. So können sie im Lauf des Tages auch von den anderen angeschaut werden.

3. Schritt: Plenumsgespräch über die Erfahrungen mit dieser Übung.
Anmerkung: Es zeigt sich bei dieser Übung häufig, daß es den Jugendlichen leichter fällt, über ihre Schwächen zu sprechen als über ihre Stärken und Talente. Im Rundgespräch sollte deshalb mit den Teilnehmern überlegt werden, wo mögliche Ursachen dafür liegen.

4. Schritt: Vom richtigen Umgang mit meinen Fähigkeiten.
Der Leiter liest dazu folgende Geschichte vor:

WACHSTUMSHILFE FÜR SETZLINGE

Im Staate Song glaubte ein Bauer, daß die Reissetzlinge auf seinen Feldern nicht schnell genug wüchsen. Deshalb zog er sie alle ein Stück in die Höhe und kam ziemlich erschöpft nach Hause.
„Heute bin ich rechtschaffen müde", erklärte er seiner Familie, „hab ich doch den ganzen Tag lang den Setzlingen beim Wachsen geholfen."
Da lief sein Sohn zum Feld hin und fand sie alle verwelkt.
Viele Leute wünschen, daß die Saat gut wachse. Manche aber vergessen sogar, das Unkraut zu jäten. Andere wollen mit Gewalt nachhelfen. Das freilich nützt den Pflanzen nichts, das schadet ihnen.

Variante B: Wer bin ich eigentlich?

Ziel: Die Jugendlichen sollen ihr Körperschema wahrnehmen und überlegen, was ihnen daran gefällt und was nicht.
Dauer: etwa eine Stunde

1. Schritt: Phantasiereise: Ich und mein Spiegelbild
Der Leiter erklärt den Sinn und Ablauf einer Phantasiereise. Wichtig ist dabei, daß er bei der Vorbereitung hinweist auf bequeme Körperhaltung, auf geschlossene Augen, auf gesammelte Aufmerksamkeit, die sich auf das innere Erleben richtet, und auf Fühlungnahme mit körperlichen Empfindungen, z. B. mit dem eigenen Atem.

Nach der Aufforderung, sich bequem hinzusetzen und die Augen zu schließen, spricht der Leiter langsam und ruhig folgenden Text:
Stell dir vor, du bist in einem dunklen Zimmer, in dem du nichts sehen kannst. – Durch einen Lichtstrahl, der durch ein Fenster einfällt, wird es langsam heller im Raum. – Du siehst einen großen Spiegel an der Wand, gehst auf ihn zu und kannst darin dein Spiegelbild erkennen. – Es mag sehr verschieden sein von dem Bild, das du gewöhnlich von dir siehst, vielleicht aber auch nicht. – Wie sieht das Spiegelbild aus? – Wie ist der Gesichtsausdruck, wie die Körperhaltung? – Was für ein Gefühl und Gehabe drückt das Bild aus? – Möchtest du dem Bild etwas mitteilen? –
Tausche jetzt die Rollen und werde selbst das Spiegelbild, indem du in den Spiegel hineinsteigst. – Was hat sich verändert? – Wie schaut jetzt dein Gegenüber aus? – Was fällt dir an ihm auf? –
Werde nun wieder du selbst, indem du aus dem Spiegel heraussteigst. – Was empfindest du, wenn du dich nun wieder im Spiegel siehst? – Was hat sich verändert? – Willst du dem Spiegelbild noch etwas sagen, bevor du dich von ihm verabschiedest? – Sag nun langsam Auf Wiedersehen und kehre zu deiner Existenz hier in diesem Raum zurück. – Öffne die Augen und laß das Erlebnis noch nachwirken.

Die Übung ist ausführlich beschrieben in: John O. Stevens, Die Kunst der Wahrnehmung, S. 154 f, Christian Kaiser Verlag, München 1983[7]

2. Schritt: In zwei großen Gruppen berichten die Jugendlichen über ihre Phantasien. Dabei sollte darauf geachtet werden, daß jeder in der Ich-Form von sich, seinem Bild und Spiegelbild, erzählt.

3. Schritt: Danach schreibt jeder für sich nochmals auf, was ihm an sich und seinem Körper gefällt und was nicht.
Anmerkung: Die Phantasiereise sollte nur eingesetzt werden, wenn die Jugendlichen dafür Bereitschaft zeigen und wenn der Leiter auf Grund seiner Erfahrungen in der Lage ist, damit verantwortungsbewußt umzugehen.

3. Einheit: Vertrauen und Verantwortung in Freundschaft und Partnerschaft

Variante A: Ich und meine Masken

Ziel: Die Jugendlichen sollen sich darüber austauschen, welche Ängste und Hoffnungen sie am Beginn einer Paarbeziehung haben.
Dauer: etwa eineinhalb Stunden

1. Schritt: Vorführung des Films „Eine schöne Maske"
Dieser farbige Kurzfilm dauert zehn Minuten und hat folgenden Inhalt: Der 16jährige Dieter verliebt sich in Angelika. Alle Versuche, die Aufmerksamkeit auf sich zu lenken, scheitern. Erst als Dieter sich durch eine tolle Show einen effektvollen Auftritt verschafft, ist Angelika an ihm interessiert.

2. Schritt: Im anschließenden Plenum wird der Film anhand folgender Fragen besprochen:
– Wie beurteilt ihr das Verhalten von Dieter und Angelika?
– Mit welchen Mitteln (Masken) versucht Dieter andere zu beeindrucken?
– Welche Unsicherheiten und Ängste stecken hinter seiner Maske?

3. Schritt: Jeweils zwei Jugendliche fertigen sich gegenseitig eine Gesichtsmaske. Der Leiter verteilt zu diesem Zweck an alle ein Stück Aluminium-Folie (Küchenrolle). Der eine Partner drückt dem anderen die Folie behutsam ins Gesicht und formt damit dessen Gesichtskonturen nach. Ist die Maske erstellt, wechseln beide, damit auch die zweite Maske in gleicher Weise gemacht werden kann.

4. Schritt: Die beiden Partner unterhalten sich anschließend über ihre Masken. Als Gesprächsimpulse kann der Leiter folgende Fragen vorgeben:
– Gefällt mir mein Gesicht? Würde ich gerne anders aussehen?
– Welche Masken (Rollen) benütze ich, wenn ich auf andere Eindruck machen will?
– Welche Masken möchte ich gerne ablegen?

5. Schritt: Zum Schluß werden alle Gesichtsmasken an einer langen Leine aufgehängt. Wer will, kann raten, zu wem welche Maske gehört.

Variante B: Auf dem Weg zur Partnerschaft

Ziel: Die Jugendlichen sollen erkennen, welche Fundamente für das Gelingen einer tragfähigen Partnerschaft bereits am Anfang einer Beziehung gelegt werden müssen.
Dauer: etwa eine Stunde

1. Schritt: Der Leiter liest folgende Geschichte vor:

DIE STACHELSCHWEINE

Eine Gesellschaft Stachelschweine drängte sich an einem kalten Wintertag recht nahe zusammen, um sich durch die gegenseitige Wärme vor dem Erfrieren zu schützen. Jedoch bald empfanden sie die gegenseitigen Stacheln, die sie wieder voneinander entfernten. Wenn nun das Bedürfnis der Erwärmung sie wieder näher zusammenbrachte, wiederholte sich jenes zweite Übel, so daß sie zwischen beiden Übeln hin und her geworfen wurden, bis sie eine mäßige Entfernung voneinander gefunden hatten, in der sie es am besten aushalten konnten.
Arthur Schopenhauer

2. Schritt: Es werden Gesprächsgruppen gebildet, die den Text mit folgenden Fragen erhalten:
- Welches Modell für eine Paarbeziehung wird in der Geschichte geschildert?
- Wie könnte eine Beziehung aussehen, bei der ich die Wärme des anderen spüre, ohne daß mir seine Stacheln allzusehr weh tun?

3. Schritt: Die Gruppen bringen ihre Gedanken und Vorschläge ins Plenum ein, wo sie miteinander verglichen und diskutiert werden.

4. Schritt: Der Leiter faßt die Gesprächsergebnisse zusammen und erklärt drei in der Geschichte angedeutete Möglichkeiten einer Paarbeziehung.
Zur Visualisierung sollte er den Tageslichtschreiber oder die Tafel benützen.

Modell 1:

A und B sind so weit voneinander entfernt, daß ihre Beziehung kaum mehr Gemeinsamkeiten aufweist. Auf Grund des zu großen Abstandes voneinander besteht die Gefahr, daß die Beziehung mangels Wärme abstirbt.

Modell 2:

A und B hängen zu stark aneinander und haben ihre Eigenständigkeit aufgegeben. Es besteht die Gefahr, daß die eigene Entfaltung zu kurz kommt. Vor allem dann, wenn einer der beiden zu bestimmend wird und den anderen damit vollkommen einschließt (siehe Zeichnung).

Modell 3:

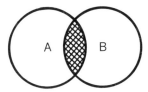

A und B bewahren in der Beziehung ihre Identität. Als eigenständige Menschen können sie für sich selbst Verantwortung übernehmen. Daneben gibt es aber gemeinsame, sich überschneidende Bereiche, für die beide verantwortlich sind.
Eine Kurzformel für dieses Modell von Partnerschaft, in der sowohl die Eigenständigkeit als auch die Gemeinsamkeit der Partner berücksichtigt wird, könnte folgendermaßen lauten:

> Ich bin für mich verantwortlich. –
> Du bist für dich verantwortlich. –
> Wir sind für uns gemeinsam verantwortlich.

4. Einheit: Dem Leben trauen – auf Gott vertrauen

Variante A: Von der rechten und der falschen Sorge

Ziel: Die Jugendlichen sollen erkennen, was für sie wichtig ist und wie sie im rechten Vertrauen auf Gott Hilfe für ihre Lebensgestaltung erhalten können.
Dauer: etwa eineinhalb Stunden.

1. Schritt: Lebenshoffnungen – Lebensängste
Die Jugendlichen erhalten folgendes Arbeitsblatt:

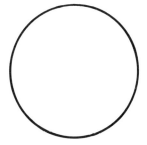

Was ist mir für mein Leben
wichtig? (Lebenshoffnungen)

Wovor habe ich Angst?
(Lebensängste)

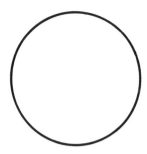

Teile die beiden Kreise (Kuchen) in verschieden große Kreisausschnitte (Kuchenstücke), wobei die Größe eines Stückes der Wichtigkeit entsprechen soll. – Benenne die einzelnen Kreisausschnitte mit den entsprechenden Begriffen.

Dieses Blatt füllt jeder zuerst für sich aus. Danach soll in kleinen Gesprächsgruppen über die verschiedenen Hoffnungen und Ängste gesprochen werden.

2. Schritt: Der Leiter greift die Ergebnisse der Gesprächsrunden nochmals im Plenum auf und versucht sie folgenden Grundfragen menschlichen Lebens zuzuordnen:

– Wer bin ich? (Identität)
– Wer und was ist mir wichtig? (Beziehung/Status)
– Wo gehöre ich hin? (Heimat)

3. Schritt: Dem Leben trauen – auf Gott vertrauen
Zur Verdeutlichung dieses Satzes bespricht der Leiter mit den Jugendlichen den Bibeltext Mt 6, 25–34 (von der falschen und rechten Sorge).
Um die zentralen Aussagen dieser Stelle aus der Bergpredigt herauszuarbeiten, könnten folgende Impulsfragen gestellt werden:

– Welche Grundhaltung wird hier angesprochen? (vgl. Haben- oder Seinstrukturen nach E. Fromm)
– Worum muß ich mich als Christ eigentlich kümmern? Worum nicht?
– Was heißt Vertrauen auf den himmlischen Vater?
– Gibt es überhaupt Christen, die diesem Anspruch in ihrem Leben je gerecht werden?

Falls es zeitlich möglich und vom Gesprächsverlauf geboten ist, könne der Leiter anhand dieses Textes einige Anmerkungen zur Intention der Bergpredigt insgesamt anschließen.

Variante B: Treue-Stufen

Ziel: Die Jugendlichen sollen wahrnehmen, wie mit der Intensität, die eine Liebesgeschichte erreicht, auch das gegenseitige Verantwortungsgefühl wachsen soll.

Dauer: etwa eineinhalb Stunden

1. Schritt: Mein Bild von der Treue

Der Leiter wählt zehn Bilder oder Fotos aus, die etwas mit dem Thema Treue zu tun haben. Am einfachsten und billigsten ist es, wenn er sich selber Bilder, z. B. aus Zeitschriften oder Kalendern, ausschneidet und auf weißes Papier als Hintergrund aufklebt. Natürlich können auch bereits vorliegende Foto- und Bildersammlungen (z. B. die missio-Bildkartei) für die Übung herangezogen werden.

Die ausgewählten Bilder werden gut sichtbar im Raum verteilt. Anschließend gehen die Teilnehmer herum und schauen sich die Bilder an. Bei dem Bild, das sie spontan am meisten beeindruckt, sollen sie stehenbleiben. Die jeweils um ein Foto versammelten Jugendlichen tauschen sich über ihre Eindrücke aus. Sie sollten dabei folgende Fragen miteinander überlegen:

– Was spricht mich an diesem Bild an?
– Kann ich mich darin wiederfinden?
– Welche Aussage zum Thema Treue vermittelt es?
– Was bedeutet mir persönlich Treue? Was ist für mich Untreue?

2. Schritt: „Du bist für das verantwortlich, was du dir vertraut gemacht hast" (Saint Exupéry)

Im anschließenden Plenum stellt jede Gruppe ihr Bild vor und teilt den anderen ihre Gedanken zum Thema Treue mit.

Für dieses Rundgespräch ist es wichtig, eine dynamische Sicht von Treue herauszuarbeiten und zu zeigen, daß darunter je nach Intensität und Dauer einer Beziehung etwas anderes zu verstehen ist. Zur Verdeutlichung dieses Zusammenhangs von Vertrauen und Verantwortung in einer Paarbeziehung kann der Leiter folgende Zeichnung verwenden:

3. Schritt: Treue-Stufen

Zur Vertiefung der in der Skizze angedeuteten stufenweisen Entwicklung der Treue verteilt der Leiter folgenden Text an die Teilnehmer:

TREUE-STUFEN

an-vertrauung

ich traue mich
Dir
mich
an-zu-vertrauen

ich vertrau
auf
Deine
treue

Du wirst
meine trau-te
nicht ausnutzen
mich nicht
im regen
stehenlassen

mir
nicht
un-treu sein

trau-ung

sagen
der
an-ver-trauung
vor allen
die uns
was
be-deuten

wir trauen uns
Du mir
ich Dir

im
ver-trauen
auf ihn
der
uns trägt
auf diesem

treue-weg

treue

ver-trauen auf das
was ist
und wird
zwischen uns

ver-trauen auf den
der
mit uns ist

ver-trauen
zu-trauen
anver-trauen
einmal
immer
täglich neu

Walter Boscheinen, aus: „neue Gespräche" Nr. 1/1981, Verlag Fredebeul & Koenen KG, Essen

Jeder liest den Text still durch und denkt etwa fünf Minuten über folgende Fragen nach:
– Habe ich bereits eine der genannten Stufen erlebt? Wo stehe ich momentan?
– Kann ich mir vorstellen, einem Menschen dauerhaft treu zu sein?
– Inwiefern haben diese Treuestufen etwas mit Gott zu tun?

4. Schritt: Jede Beziehungsgeschichte ist eine Geschichte mit Gott
Der Leiter greift die oben genannten Fragen auf und spricht sie im Plenum durch. Anhand konkreter Erfahrungen kann er in diesem Gespräch deutlich machen, daß es in Freundschaft,

STUFEN DER TREUE

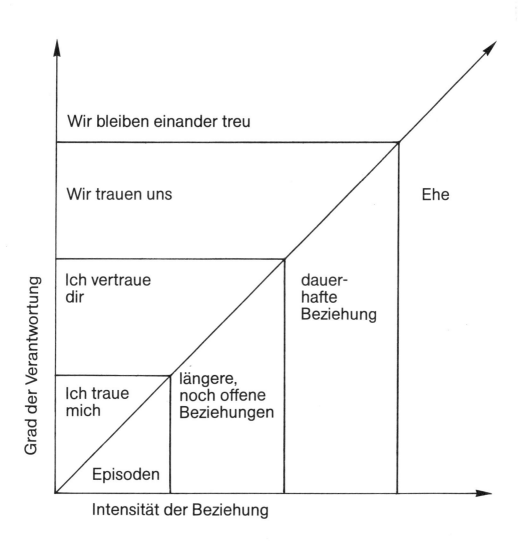

Partnerschaft und Ehe immer wieder Situationen und Erlebnisse gibt, die die Partner über sich selbst hinaus fragen lassen, z. B.
– wenn sie ihre gegenseitige Liebe spüren;
– wenn sie sich aneinander freuen können;
– wenn sie in schwierigen Situationen aneinander vertrauen;
– wenn sie mit- oder auch aneinander leiden.
Solche Erfahrungen können rein menschlich gedeutet werden. Es kann darin aber auch etwas davon sichtbar werden, was wir in unserem Glauben als den Zuspruch und die Treue Gottes zu uns bezeichnen. In diesem Sinn wird jede Liebesgeschichte zu einer persönlichen Beziehungsgeschichte mit Gott.

5. Schritt: Als Zusammenfassung der Einheit liest der Leiter noch folgenden Text vor:

SCHWIERIG WIE DAS SPALTEN DES MEERES

Eine römische Dame fragte Rabbi Jossé ben Chalafta: „In wieviel Tagen hat Gott die Welt geschaffen?" Er antwortete ihr: „In sechs Tagen, denn so heißt es (Ex 31, 17): ‚In sechs Tagen machte der Herr Himmel und Erde.'"
„Und was hat Er seitdem gemacht?"
„Er verbindet die Paare und schließt die Ehen. Er bestimmt, wessen Tochter wen heiraten soll."
„Ja!" antwortete die Dame. „Das kann ich ja auch tun. Ich besitze sehr viele Knechte und Mägde, und ganz leicht kann ich sie paaren."
Doch Rabbi Jossé sprach: „Du magst das leicht finden. Für Gott aber ist es so schwierig wie das Spalten des Schilfmeeres."
Rabbi Jossé ging weg, und sie stellte ein Tausend Knechte und ein Tausend Mägde in zwei sich gegenüberstehenden Reihen auf.
Dann befahl sie: „So-und-so heiratet So-und-so, und So-und-so heiratet So-und-so!"
Das sollte alles in der gleichen Nacht geschehen. Am nächsten Morgen kamen die so gepaarten Knechte und Mägde zu der Dame, der eine mit zerbrochenem Schädel, der andere mit ausgeschlagenem Auge, ein dritter mit gebrochenem Bein. Dieser sagte: „Ich mag diese Frau nicht!" Jene sagte: „Ich kann diesen Mann nicht leiden!" Da ließ sich die römische Dame den Rabbi Jossé ben Chalafta holen und sprach zu ihm: „Deine Torah hat absolut recht, und was du erzählt hast, ist wirklich wahr!"
Rabbi Jossé aber sprach: „Das habe ich dir doch gesagt. Du magst das Eheschließen als leichte Sache ansehen. Für Gott jedoch ist es so schwierig wie das Spalten des Schilfmeeres."

aus: Jakob J. Petuchowski, Es lehrten unsere Meister, Verlag Herder, Freiburg

Das Wunder der Zuneigung

Tage der Lebensorientierung für Paare

In der Zeit des Verliebtseins, in den ersten Monaten und oft auch Jahren einer partnerschaftlichen Beziehung, werden die meisten Zuwendungen eines Partners als Zuneigung empfunden. Daneben gibt es aber auch menschliche Zuwendungen, die weh tun: wenn ich dem Partner sein Verhalten zum Vorwurf mache, wenn ich mich beleidigt zurückziehe ... Wer in einer Beziehung lebt, weiß um die Wirkung echter Zuneigung, vor allem wenn Spannungen oder Streit bestimmend waren. Die in solchen Situationen überraschende Zuneigung eines Partners in der Form des Verstehens, Verzeihens oder Wohlwollens wirkt wie ein Wunder und läßt aufatmen, macht einander froh und läßt wieder leben.
Nachfolgende Elemente für Tage der Lebensorientierung sind Anstöße dafür, daß solche Wunder der Zuneigung möglich werden.

Wie fange ich an?

- *Gute Nachrichten:* Vieles, was wir täglich in den sog. Nachrichten hören, ist meistens sensationell, außergewöhnlich, erschütternd ...
  Die Teilnehmer werden aufgefordert, eine positive Tagesbilanz zu ziehen, einander gute Nachrichten mitzuteilen.
  Etwa unter der Fragestellung:

  Worüber habe ich mich heute gefreut?
  Was hat mir heute gutgetan?
  Welches Verhalten eines Teilnehmers habe ich in der kurzen Zeit des Zusammenseins als Zuneigung empfunden?

- Welche Erfahrungen, Erlebnisse, Ereignisse dieses Tages habe ich als Zuneigung empfunden?
  Wie hat sich mir jemand/etwas zugeneigt?

Wie gehe ich mit Zuneigung um?

1. Möchte ich Zuneigung?
   Kann ich dazu stehen, daß ich das brauche?
2. Wo tut mir die Zuneigung des Partners gut? (Erinnerungen lebendig werden lassen!)
3. Wo wünsche ich mir mehr (auch) Zuneigung?
4. Kann ich von der Haltung Jesu etwas für den Umgang mit meinem Partner lernen?

Jeder versucht für sich die Fragen zu beantworten. Es ist gut, wenn ich mir dabei auch Notizen mache. Dieser Bereich ist wichtig genug, um manches davon festzuhalten, stichwortartig, als Gedächntisstütze.

Partner-Gespräch: Ich teile davon meinem Partner mit, was ich ihm sagen kann und sagen möchte.

Begegnung beim Malen

Je zwei Teilnehmer (nach freier Wahl) sitzen sich an einem Tisch gegenüber. Sie haben vor sich *ein* großes Blatt Papier und Malstifte liegen. Sie sollen versuchen, zeichnend miteinander in Kommunikation zu kommen. Sie sollen im Zeichnen/Malen aufeinander zugehen, ohne dabei zu sprechen. Anschließend werden im Gespräch die dabei gemachten Erfahrungen ausgetauscht. Anregungen für dieses Gespräch:
Wie ist es mir beim Malen ergangen?
Wie habe ich den Partner dabei empfunden?
Was habe ich als fördernd, was als blockierend erlebt?

Wieder sehen können: Mk 8, 22–26

Lesen des Textes
Meditatives Betrachten des gehörten Textes:
Der Blinde von Bethsaida war den Menschen dort offensichtlich eine Last;
sie wollen, daß dieser Jesus ihn berühre; sie erhoffen sich davon etwas;
Jesus weicht nicht aus; er läßt es zu, daß verzweifelte Menschen ihn ausbeuten;
er demonstriert ihnen den Heilungsvorgang:
– er nimmt ihn bei der Hand;
– er läßt ihn spüren: Ich bin da;

- er nimmt ihn ernst;
- er hat Zeit für ihn;
- er führt ihn vor's Dorf;
- er kann sich im Trubel der Leute nicht mit ihm befassen;
- er berührt ihn;
- er nimmt hautnahen Kontakt auf;
- er läßt die Not an sich heran;
- er hat keine Angst vor dem Elend, vor der Krankheit.

Frage als Anregung zur Einzelbesinnung:

Kann ich mich an ähnliche Erfahrungen erinnern,
daß mich etwas angesprochen hat,
    mir etwas nahegegangen ist,
    mich etwas betroffen gemacht oder angerührt hat?
(Unter Umständen Erlebnisse sich wieder ganz konkret vorstellen!)

Partnergespräch

Anhörkreis

Übung:

Je zwei Teilnehmer versuchen die Situation eines Blinden nachzuempfinden, indem einer für eine kurze Zeit den Blinden spielt. Der Sehende soll mit dem Blinden etwas tun: ihm non-verbal etwas mitteilen, ihm etwas zeigen, ihn wohin führen . . .
Anschließend werden die Rollen gewechselt.
Im Gespräch teilen die beiden einander mit, wie es ihnen dabei ergangen ist.

Wie geht es mir mit der Zuneigung Gottes?

1. Was läßt mich daran glauben, daß Gott sich *mir* zuwendet?
   (Ich prüfe diesbezüglich meine Erlebnisse, Erinnerungen, „innere Antenne", Beziehungen, Erfahrungen.)

2. Was macht es mir schwer, das zu glauben?

Zeichen sprechen lassen

Auf einem großen Tisch sind eine Menge Gegenstände bereitgestellt (z. B. Stofftiere, Wollsachen, Nüsse, Nußknacker, Terminkalender, Schlüssel, Ei, Zwiebel, Steine, kleine Figuren, Kerze, Glocke, Bilder, Schalen, Krug, Becher, Blumen, Musikinstrumente u. a.). Die Teilnehmer werden eingeladen, die verschiedenen Gegenstände zu betrachten und einen davon für den Partner auszusuchen: einen Gegenstand, der etwas über ihn aussagt, zu ihm paßt, der zum Ausdruck bringt, wie sie den Partner oft erleben. Wenn alle einen Gegenstand ausgesucht haben, geben sich die beiden Partner das gewählte Stück und teilen einander gleichzeitig mit, warum sie diese Wahl getroffen haben.

Jeder soll nun etwas Zeit haben, das zu betrachten, was er bekommen hat:

Was sagt es mir?

Was kann ich damit anfangen?

Was löst es in mir aus?

Was sagt es über unsere Beziehung?

Davon kann jeder der Gruppe mitteilen, was er mitteilen möchte.

Wasser wird zu Wein

– *Joh 2, 1–12*

Wein-Wundergeschichten kennen wir nicht nur aus der Bibel. Das erste öffentliche Auftreten Jesu war von daher keineswegs sensationell. Jesus hielt auch keine große Rede und hat kein umwerfendes Programm angeboten. Und trotzdem wird in dem, was er getan hat, ein Programm sichtbar:

Jesus vermag das Wasser des Alltags in den Wein eines Festtages zu verwandeln.

Um dies zu verstehen, ist es notwendig, dem nachzuspüren, was Wasser und Wein für uns bedeuten.

– *Wasser*

Wasser gibt es – bei uns wenigstens – (noch) genug.

Es ist für uns selbstverständlich, ja fast alltäglich.

Wir haben uns daran gewöhnt, es fasziniert uns nur noch selten.

Wasser ist für uns lebensnotwendig.

Es ist fast geschmacklos.

Es enthält zunehmend mehr Giftstoffe.

Man kann darin auch ertrinken.

– *Wein*

Wein ist etwas Besonderes.

Er läßt Stimmung aufkommen.

Er schafft eine andere Atmosphäre, signalisiert Festtag.

Wir blicken uns an, wenn wir Wein trinken (beim Zuprosten).

Wir lassen Gläser klingen.

Menschliche Arbeit und Gärung machen aus Trauben Saft und schließlich Wein.

Zuviel Wein macht betrunken.

– *Fragen für die Eigenbesinnung und das Gespräch*

Was ist für mich das Wasser?

Wo hätte ich gern, daß aus dem Wasser Wein wird?

Was möchte ich in unserer Beziehung gerne, schaffe es aber allein nicht?

Was meine ich, daß du von mir möchtest, aber nicht bekommst?

In derselben Ausstattung ist lieferbar:

Franz Sageder / Ruth Emrich

Jugend im Kirchenjahr

Wer sich mit jungen Menschen auf neue Formen des kirchlichen Lebens einlassen und der jungen Generation das Zeugnis des christlichen Lebens geben möchte, findet in diesem Buch ein reichhaltiges Angebot:

☐ Gottesdienstmodelle für Festzeiten, Hochfeste und thematische Schwerpunkte des Kirchenjahrs (Wortgottesdienst, Eucharistiefeier, Bußgottesdienst)

☐ „Treffs“: Besinnungstage, Wochenenden, Meditation

☐ Begegnungen, Gespräche, Einstiege, Impulse, Gebetsmodelle

☐ Gruppenstunden, Themen, Texte.

Das Buch will mithelfen, Jugendlichen Inhalte des Glaubens durchsichtig, erfahrbar und relevant zu machen.

120 Seiten, kartoniert

Zu beziehen durch jede Buchhandlung.

Don Bosco Verlag · 8000 München 80